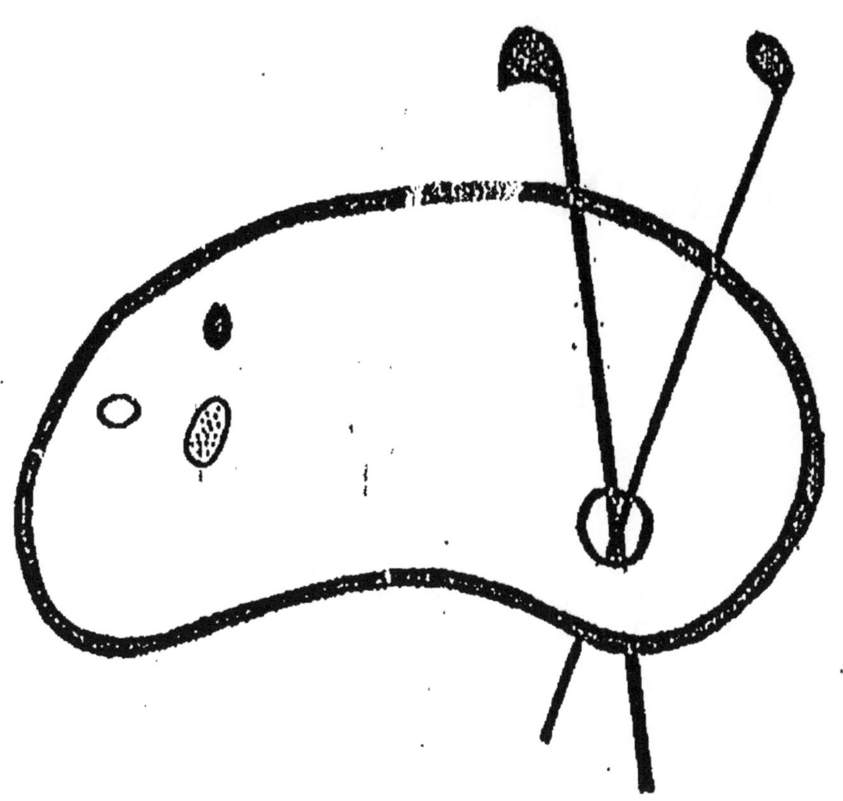

COUVERTURE SUPERIEURE ET INFERIEURE
EN COULEUR

CHARLES BENOIST

L'Espagne, Cuba

et les États-Unis

PARIS

LIBRAIRIE ACADÉMIQUE DIDIER

PERRIN ET Cie, LIBRAIRES-ÉDITEURS

35, QUAI DES GRANDS-AUGUSTINS, 35

1898

L'Espagne,

Cuba

et les États-Unis

Il a été imprimé :
8 exemplaires sur papier de Hollande Van Gelder.

CHARLES BENOIST

L'Espagne, Cuba

et les États-Unis

PARIS

LIBRAIRIE ACADÉMIQUE DIDIER

PERRIN ET Cie, LIBRAIRES-ÉDITEURS

35, QUAI DES GRANDS-AUGUSTINS, 35

1898

A LA GRANDE ET CHÈRE MÉMOIRE

DE

DON ANTONIO CÁNOVAS DEL CASTILLO

AVERTISSEMENT

J'ai recueilli les documents et les renseignements qui m'ont servi à écrire ce livre au cours de deux voyages d'études que j'ai faits en Espagne pour la *Revue des Deux Mondes* : le premier en mai et juin 1894; le second en octobre et novembre de l'année dernière.

Dans le premier de ces deux voyages, où je me proposais de m'instruire de l'histoire de la Restauration, de l'évolution des partis, et en général de la politique espagnole depuis 1874, je me suis attaché à entrer en relations avec les hommes qui y avaient joué, ou qui y jouaient encore un rôle, persuadé que l'on ne comprend bien les choses que lorsqu'on connaît les hommes, et qu'il y a comme une illumination par contact personnel, à laquelle nul effort de travail ne saurait suppléer. Combien on en citerait d'ouvrages sur l'Europe contemporaine, dont les auteurs ont lu tout ce qu'il était possible de lire, ont dépouillé brochures et journaux, ont rassemblé des milliers de fiches, — et qui ne donnent pourtant qu'une image tout à fait fausse de ce qu'est l'Europe vivante! — j'en puis sans doute porter le témoignage, après dix ans passés à la parcourir et à m'entretenir avec beaucoup de ceux qui ont contribué à la faire ce qu'elle est vraiment.

En Espagne, les libéraux étaient alors au pouvoir : j'eus la bonne fortune de voir de près et d'interroger longuement quelques-uns de leurs chefs les plus considérables, et, pour n'en nommer qu'un, M. Moret, qui, dans ce cabinet Sagasta, était ministre d'État, c'est-à-dire ministre des Affaires étrangères. D. Emilio Castelar venait d'adresser à ses amis la lettre célèbre du 8 avril 1894, où il leur conseillait de se rallier à la monarchie, puisqu'aussi bien la monarchie, devenue libérale, réalisait point par point leur programme, au mot de république près. J'allai le trouver; il m'accueillit comme il accueille les Français, à maison ouverte. Je garde même, en souvenir des heures si précieuses qu'il voulut bien perdre pour moi, l'exemplaire, corrigé de sa main, de son discours d'adieu à la Chambre des députés (7 février 1888); corrections intéressantes et qui fixent le texte définitif de ce discours, tel qu'il est reproduit dans la lettre à MM. Abarzuza, Alvarado, Calzado, etc. Je vis aussi des républicains restés plus intransigeants que jamais; l'un des prédécesseurs de M. Castelar à la tête du pouvoir exécutif, don Nicolas Salmeron, et son fidèle lieutenant, M. de Azcárate. De chez eux, je passai chez des carlistes, et de chez des généraux, chez des évêques. Enfin je fus admis à l'honneur d'une audience royale : si bien que je ne crois pas qu'il soit un coin du monde politique espagnol qui me soit demeuré complètement ignoré, et qu'en tout cas l'on peut être certain qu'il n'est pas dans ce petit volume un portrait qui n'ait été esquissé d'après nature [1].

Mais, dès ce premier voyage, je l'avoue, je tombai sous le charme puissant de M. Cánovas del Castillo. C'était le temps où il donnait l'assaut au ministère Sagasta ; je l'entendis plusieurs fois à la Chambre, et aussitôt je fus conquis par cette éloquence tout ensemble facile, grave et hautaine, nourrie de pensée et de volonté, où l'homme d'État s'affirmait en chaque phrase. Et je me rappelle la triomphale soirée où tout Madrid, souriant à la fortune renaissante, vint défiler à travers les salons et les serres de *la Huerta* en fête. M. Sagasta était alors président du Conseil, mais déjà M. Cáno-

---

[1] Sauf, bien entendu, les croquis de Maceo et de Máximo Gómez. Car je ne puis laisser supposer que j'aie poussé le respect de ma propre méthode jusqu'à n'écrire sur Cuba et les Philippines rien dont je ne sois d'abord allé m'informer sur place. Mais, n'ayant pu voir de mes yeux les *Mambises* et les *Tagals*, je n'en ai, du moins, voulu croire sur leur compte que des gens qui les avaient vus, et dont je pouvais apprécier la valeur morale et le sens critique.

vas l'était plus que lui peut-être : et cela se devinait au nombre de ses courtisans.

Huit ou dix mois plus tard (mars 1895), M. Sagasta se retirait, en des circonstances douloureuses, et M. Cánovas revenait au vieux palais de la Calle de Alcala. Il fallait faire front de deux côtés, retenir d'une main Cuba et de l'autre les Philippines qui s'en allaient, contenir les États-Unis impatients, combattre les ennemis du dehors et surveiller les adversaires du dedans, trouver des soldats et de l'argent. Au bout de deux ans de campagne, il ne semblait pas qu'on fût guère plus avancé qu'au premier jour. Où en était-on réellement ? Que ferait l'Espagne si telles ou telles complications à redouter se produisaient ? Comment s'en tirerait-elle ? Par quels moyens ? Par quels miracles ? Nous voulûmes le demander à M. Cánovas del Castillo lui-même ; et ce fut l'occasion de mon second voyage.

Le Président me dit tout de suite : « Je ne vous cacherai rien ; je vous parlerai en toute franchise. » Il mit à me recevoir une affectueuse bienveillance. Les portes de *la Huerta*, fermées par un deuil récent, s'entr'ouvrirent. D. Emilio Castelar m'y mena un jour ; nous y rencontrâmes quelques familiers de la maison : le comte de Villagonzalo, ambassadeur d'Espagne à Saint-Pétersbourg, le comte de Esteban Collantes, le comte de Casa Miranda et le marquis de Valdeiglesias. Après le dîner, des serviteurs, des députés se joignirent à eux. M. Cánovas laissa don Emilio diriger la conversation ; et, me prenant à part, il me fit, devant son secrétaire, M. Morlesin, l'exposé le plus serré, le plus saisissant, le plus évidemment sincère de la situation en Espagne, à Cuba et aux Philippines, de ses précédents et de ses conséquences.

Le lendemain, on m'apporta de la Présidence un paquet qui contenait : l'Extrait de l'enquête de 1865 ; — *Ministerio de Ultramar, Junta informativa de Ultramar; Extracto de las contestaciones dadas al interrogatorio sobre la manera de reglamentar el trabajo de la poblacion de color y asiatica, y los medios de facilitar la inmigracion, que sea mas conveniente en las mismas provincias ;* le livre de D. Carlos de Sedano, *Cuba, Estudios politicos,* et une collection des principaux discours tenus dans les deux Chambres sur la question coloniale, soit de 1895 à 1897, soit en 1878, lors de la paix du Zanjón. Mais c'est tout ; et de notes écrites ou dictées par M. Cánovas, je n'en ai jamais eu : je le déclare ici, parce que l'on a prétendu que « les traits caractéristiques du tempérament de M. Cánovas se révèlent clairement » dans les pages qui suivent, et que l'on a cherché « à quel mobile il avait obéi » en m'inspirant des jugements dont « la partialité visible » trahit sa collaboration.

Que les traits caractéristiques du tempérament de M. Cánovas se révèlent clairement « dans ces pages », on serait flatté à moins ; toutefois son inspiration ne peut s'y manifester que dans la mesure où elle a existé, et elle n'a existé que dans la mesure où mes jugements devraient se ressentir des sources où j'aurais puisé. Quant au reste, dans le fond et dans la forme, mon livre est de moi tout seul; et les mots même, où l'on reconnaît M. Cánovas, n'y sont pas de M. Cánovas, mais, — bien plus simplement et plus humblement, — de moi.

Au surplus, cette prétention de reconnaître l'homme à son style expose souvent à des mécomptes, et en voici une autre preuve. Un de mes chapitres, le troisième : *La Révolte des Philippines et les Mœurs politiques de l'Espagne* a défrayé pendant quinze jours la polémique des journaux madrilènes. J'avais cité au début de ce chapitre, en les prêtant « à l'homme d'Espagne qui sans doute connaît le mieux son pays et les autres pays, son temps et les autres temps », des paroles qui ont bien été prononcées, je n'ai pas besoin de l'affirmer, exactement comme je les rapporte, mais par quelqu'un, — un illustre quelqu'un, — qui m'avait prié de ne pas le nommer. Or je ne sais que deux hommes en Espagne à qui pouvait s'appliquer le signalement que je donnais : et l'un d'eux, incontestablement, était M. Cánovas del Castillo ; mais il y en avait un autre, qui maintenant, par malheur, reste seul. Sans hésiter, rien qu'au style, les oracles de la presse proclamèrent encore que tout, jusqu'aux simples virgules, révélait clairement « les traits caractéristiques du tempérament de M. Cánovas ». Et des flots d'encre furent versés. On se piqua de mettre, avec ces vingt lignes, le parti conservateur et son chef dans le plus cruel embarras, de les brouiller avec l'armée et le clergé, sous ce prétexte que M. Cánovas, s'expliquant sur le gouvernement des Philippines, avait médit des généraux et des moines. Si les Cortès eussent siégé, l'Espagne allait peut-être, — pour ces vingt lignes, — à une crise ministérielle ! M. Cánovas fut obligé de rectifier ; ce qu'il fit en ces termes :

« Les opinions publiées par M. Benoist dans la *Revue des Deux Mondes* m'étaient déjà connues, et je les attribue aux conversations qu'il a eues avec différentes personnalités, durant son séjour en Espagne; mais mon sentiment sur les affaires des Philippines est trop connu pour que ces jugements puissent m'être imputés. »

M. Cánovas disait donc : Ce n'est pas moi. — En effet, ce n'était pas lui. — L'autre, je ne l'ai pas nommé; mais M. Castelar, mis en cause à son tour, — on l'avait, lui aussi, reconnu au style, et Dieu sait comme le style de M. Cánovas ressemblait au style de M. Castelar ! — don Emilio « ne niait pas que l'article de M. Charles Benoist pouvait être fondé sur des déclarations qu'il avait faites; mais il y avait cinq mois de cela, et depuis lors son opinion s'était un peu modifiée ». — Il ne m'appartient pas de décider si M. Castelar, en ne niant pas, s'est suffisamment confessé; observerai-je seulement que, quant aux dates, sa prodigieuse mémoire serait en défaut? Il n'y avait pas cinq mois, mais bien dix mois de cela : cinq mois de plus, c'est un grand espace dans la vie d'un homme politique.

Les deux télégrammes, celui de M. Cánovas

et celui de M. Castelar, furent expédiés de Saint-Sébastien, le 29 et le 30 juillet; dans la semaine, M. Cánovas del Castillo partait pour Santa-Agueda...

Et je ne puis m'empêcher de me souvenir. Je me souviens et je comprends à présent. Comme nous sortions de *la Huerta*, par cette belle nuit d'automne finissant, tandis que sonnait, haute et joyeuse, la voix d'Emilio Castelar, dans toutes les allées, de tous les massifs, des hommes de police se levaient. D'autres agents veillaient à la grille entre-bâillée. D'autres encore maintenaient les quelques passants attardés qu'avaient fait s'arrêter là-bas, vers l'extrémité de la ville, près de la barrière de Salamanque, à cette heure d'ordinaire déserte, les lumières et les voitures. M. Cánovas était bien gardé. Dix mois après, Angiolillo a pu trouver et saisir sa minute. Qui sait ? Déjà peut-être, cette nuit-là même, parmi ces curieux qui saluaient, un Angiolillo attendait.

L'Espagne, Cuba et les États-Unis

CHAPITRE PREMIER

LES INSURRECTIONS DE CUBA[1]

Cuba et les Philippines, Cuba surtout, l'hiver dernier, on ne parlait plus d'autre chose que de la question coloniale : hors d'elle, il n'y avait plus de politique en Espagne. Volontiers, l'on aurait dit que, hors d'elle, il n'y avait plus de partis ; quelques personnages consulaires dans les Chambres, quelques journalistes dans les cercles

[1] Je cite tout de suite mes autorités, qui sont : 1° Du côté cubain, la brochure de M. V. Mestre Amabile : *la Question cubaine et le Conflit hispano-américain* ; Paris, 1896 ; — divers écrits de M. Enrique José Varona, le philosophe de l'insurrection, dont Sanguily est le pamphlétaire ; — la brochure de Máximo Gómez, *El Convenio del Zanjón, Relato de los ultimos sucesos de Cuba,* publiée par lui, à la Jamaïque, en 1878 ; — le livre, qui contient plusieurs articles sympathiques aux insurgés, de M. Rafaël

et quelques intrigants d'ordre inférieur dans les cafés étaient seuls à croire qu'il y en avait encore. Qui était ministre des *finances*, ou ministre des *colonies ?* Neuf passants sur dix n'en savaient rien. Le cabinet était conservateur, puisque c'était M. Cánovas qui le présidait. Mais il importait

M. Merchan, *Variedades;* Bogota, 1894; — enfin le journal *la République cubaine.*

2° Du côté espagnol, outre les conversations d'un certain nombre d'hommes politiques, les discours prononcés devant le Sénat les 26 juin, 1er juillet et 31 août 1896, sur le Message et les subventions aux compagnies de chemins de fer, par MM. Gúllon, Bosch, Labra, Martinez Campos, Abarzuza, Montero Rios et Cánovas del Castillo ; devant le Congrès des députés, sur les mêmes sujets, les 7 et 14 juillet, 7 et 8 août 1896, par MM. Sanchez de Toca, Francisco Silvela, Maura, Romero Robledo, Canalejas, Navarro Reverter, Moret, Gamazo et Cánovas ; — *España y Cuba,* Estado politico y administrativo de la grande Antilla bajo la dominacion española ; Madrid, 1896. — Don Juan-Bautista Casas, *la Guerra separatista de Cuba,* 1896. — V. Torres y Gonzalez, *la Insurreccion de Cuba,* 1896. — Rafaël Delolme Salto, *Cuba y la reforma colonial,* 1895. — A. Romero Torrado, *El problema de Cuba,* 1896. — J. Menendez Caravia, *la Guerra en Cuba,* 1896. — G. Reparaz, *la Guerra de Cuba,* 1896 (ce livre a été saisi à Cuba par les autorités espagnoles, et M. Reparaz arrêté, depuis lors, pour offenses à l'armée). — Eugenio-Antonio Flores, *la Guerra de Cuba* (Apuntes para la historia), 1895. — D. Carlos de Sedano, *Cuba, Estudios politicos,* 1872. — Marques de la Habana, *Memoria sobre la Guerra de la isla de Cuba,* 1877. — D. Candido Pieltain, *la Isla de Cuba,* 1879. — D. Leon Crespo de la Serna, *Informe sobre las reformas de Cuba,* 1879. — Gutierrez y Salazar, *Reformas de Cuba,* 1879. — Cf. D. Antonio Cánovas del Castillo, *Discurso resumiendo la discusion del mensaje, el dia 28 de febrero de* 1878 ; en réponse surtout à D. Emilio Castelar (voy. *Discursos parlementarios en la Restauration,* t. II). — Cánovas et Elduayen, *la Paz de Cuba,* discours du 8 mai 1878. — A joindre : Rafaël M. de Labra, *la Reforma colonial en España,* 1896 ; et F. Moreno, *El Pais del Chocolate* (la Inmoralidad en Cuba, 1888).

peu. Il avait derrière lui non seulement des conservateurs, mais des libéraux, des républicains même : il avait la nation entière : il s'appelait l'Espagne. Si les carlistes n'oubliaient pas au fond de l'âme que le roi régnant porte le titre d'Alphonse XIII, ils remettaient à plus tard pour s'en souvenir tout haut.

Conservateurs, libéraux, républicains ou carlistes, les partis, les ministères, les dynasties et jusqu'aux formes de gouvernement, c'est ce qui passe ; mais il faut que l'Espagne demeure : et Cuba, c'est de la chair de chair espagnole ; c'est de l'histoire, de la gloire et de la grandeur d'Espagne ; c'est le dernier témoin de l'Espagne dans le Nouveau Monde, tiré par elle de l'inconnu des eaux. Aussi, de cette langue riche entre toutes, faite, comme disait l'Empereur, pour s'entretenir avec Dieu, et dans laquelle tant de « cris » ont été jetés vers lui contre les institutions et les hommes, on n'entendait plus sonner que trois mots : « *Viva Cuba española!* » Les petites rancunes, les petites haines, les petites ambitions, les petites passions, au moins pendant ces heures graves, se taisaient. Si vous preniez au hasard un journal : *la Época*, l'*Imparcial*, le *Liberal*, le *Heraldo*, — était-ce *la Época?* — les affaires de Cuba occupaient la première, la deuxième, la troisième pages. Articles de fond, filets, télégrammes, nouvelles, bruits des couloirs et de la Bourse : partout les Philippines et Cuba. Deux pleines colonnes, en tête de l'*Imparcial*, donnaient chaque jour des noms et des chiffres : souscription pour les blessés et les malades de Cuba ; plus loin, d'autres noms, d'autres chiffres : souscription à l'emprunt de 400 millions pour les dépenses de la guerre de Cuba ; toutes ces grosses rubriques appelaient l'attention sur les Philippines et Cuba. Le dimanche matin, on s'arrachait les numéros exceptionnels du *Liberal*, consacrés, avec des illustrations rapides, une semaine à l'armée, une autre semaine à la marine, une autre à un autre sujet militaire ou patriotique, toujours à l'unique question, à Cuba. Prose, poésie, images, décrivent, chantent, représentent Cuba. Ces états de service complaisamment rappelés, ces portraits, sont les états de service et les portraits des généraux qui commandent à Cuba. Au bas de la Calle Mayor, à la porte d'un café, il ne se peut plus populaire, est installé un marchand de chansons ; approchez-vous de son étalage et lisez : *La guerra de Cuba,* — *Dialogo entre España y Cuba...*

Des militaires passaient, en pantalon de coutil rayé de blanc et de bleu, dans les rues glacées, en novembre, par le vent du Guadarrama ; on les regardait et on les montrait : *Soldados para Cuba.* Ils étaient 20.000 qui allaient partir, et, s'il le fallait, ce ne seraient pas les derniers qui partiraient. Cet escadron qui va à la manœuvre, cette batterie d'artillerie qui rentre au quartier, n'ont que de très jeunes lieutenants et de très vieux capitaines : lieutenants de dix-huit ans, capitaines de cinquante. Où sont les autres ? A Cuba. Ainsi, ce qu'on voit à Madrid et ce qu'on n'y voit pas, présences, absences et départs, à toute minute et en tout lieu, rappellent Cuba.

Dans la presse, dans les *tertulias*, parmi les groupes qui cherchaient un rayon de soleil le long des maisons de la Puerta del Sol, un seul motif, un seul thème, Cuba. Longs discours et vives apostrophes ; ni l'éloquence, ni la polémique ne chômaient, mais c'étaient les plans de campagne, le mérite et le « prestige » des chefs qui en faisaient tous les frais, — et s'il valait mieux « l'action militaire » seule que « les actions militaire, politique et diplomatique » combinées. Peut-être était-ce la faute de la saison ? il semblait que les plus illustres joueurs de *pelota* et les plus fameux toreros eux-mêmes eussent déchu dans l'estime et la curiosité publiques : et, si la loterie ne cessait pas d'intéresser, il semblait pourtant qu'on se pressât moins de courir après la messagère de fortune et que les plus déshérités dévorassent moins avidement la *lista grande*.

De telle sorte et à tel point que ce qu'il y avait, ce qu'il y a maintenant encore de plus espagnol en Espagne, les véritables choses d'Espagne, ce sont les choses de Cuba. Dans la salle du conseil, à la Présidence, trois objets frappent le regard : un modèle de croiseur, une culasse de canon, une immense carte de Cuba. D'un bout à l'autre de ce corps, à l'ordinaire un peu inerte, on sent agir une énergie, vouloir une volonté, vivre une vie qu'on ne lui connaissait plus : l'Espagne, de Saint-Sébastien à Cadix, se tend et regarde par-delà l'Océan, en un grand mouvement d'espérance impatiente.

I

Les raisons ne manquent pas, elles abondent pour que le problème colonial, et particulièrement le problème cubain, prenne dans les préoccupations de l'Espagne une importance capitale. Ce ne sont pas toutes des raisons historiques ou de sentiment ; il y en a de géographiques, de politiques et d'économiques, qui sont loin d'être dépourvues de valeur.

La raison historique, on l'a déjà donnée : par les Philippines et Cuba, l'Espagne garde un coin d'Orient et un coin d'Occident, dernier reste du royal manteau que durant des siècles elle traîna derrière elle, et qui couvrait la moitié de la terre. Raison de sentiment, si l'on veut : l'Espagne aime Cuba, ou elle s'aime en Cuba, elle, ses victoires, ses conquêtes et sa splendeur anciennes ; ne l'ai-mât-elle que pour cela, elle l'aime par orgueil castillan. Mais, outre ces raisons, qui viennent de loin et que des peuples à l'esprit trop positif comprennent mal, sa résolution à défendre Cuba repose sur des considérations moins détachées d'un intérêt présent.

Il y entre, d'abord, une pensée politique. Le malheur des temps, impitoyables pour elle, dix révolutions, dix guerres civiles en Amérique et en Europe, la ruine de son empire et le dépérissement de ses ressources, ses nécessités intérieures l'ont condamnée à une sorte de retraite. M. Çánovas del Castillo le disait au Congrès, voilà près de vingt ans [1] :

« Les nations ont à exprimer leur avis dans le monde pour l'un ou l'autre de ces deux motifs : si elles ont en jeu un intérêt immédiat, réel, visible à tous ; ou si elles occupent en Europe une place parmi les grandes puissances qui forment une espèce de tribunal suprême ou de jury international. Nous n'appartenons pas à ce grand jury européen et, ne lui appartenant pas, nous devons bien nous soumettre à la dure loi des circonstances ; mais nous n'avons pas à solliciter ce que spontanément on ne nous reconnaît point... Nous ne sommes pas assez forts, sans aucun doute, pour

---

[1] Discours sur le Message, 28 février 1878.

nous imposer en la première de ces deux situations; nous ne sommes pas, nous n'avons pas le droit d'être assez modestes, nous, les Espagnols, pour pouvoir occuper volontairement la seconde. »

L'Espagne a donc mis à se recueillir une discrétion pleine de fierté ; ne pouvant paraître en Europe au rang des plus grandes puissances, elle s'est résignée à n'y plus paraître, en attendant meilleur destin ; elle s'est abstenue, mais encore et toujours par orgueil castillan. Elle a le sentiment profond de ce qu'elle fut et, si Dieu le voulait, de ce qu'elle pourrait être. Elle se recueille, mais ne s'abandonne pas ; elle cède, puisqu'il le faut, « à la dure loi des circonstances », mais non sans espérer ni croire fermement que les circonstances changeront quelque jour; elle se souvient trop de son passé pour s'interdire à jamais l'avenir. Elle le sait bien, qu'on ne lui fait plus sa place « parmi les grandes puissances » ; mais c'est justement parce qu'elle sait qu'elle a beaucoup perdu, qu'elle est si décidée à ne plus rien perdre. Et, n'ayant plus le premier motif d'exprimer son avis dans le monde, qui est de faire partie « du grand jury européen », n'ayant plus le pouvoir de juger, il lui reste le devoir de se défendre, pour le second motif, qui est « d'avoir en jeu un intérêt immédiat, réel, visible à tous ».

Or immédiat, et réel, et visible à tous est bien l'intérêt espagnol que met en jeu l'insurrection cubaine : ici viennent peser de tout leur poids une raison géographique et une raison économique, lesquelles s'ajoutent l'une à l'autre et font, en somme, une même raison.

« Pénétrez-vous bien de ceci, m'a dit un des orateurs le plus écoutés des deux Chambres : que *nous ne pouvons pas* renoncer à Cuba ; nous ne le pouvons absolument pas, autant que l'homme peut ne pas pouvoir. Vous autres, Français, si l'une de vos vieilles colonies se détachait, vous vous consoleriez peut-être à la pensée que vous en avez de nouvelles, et l'Afrique comblerait le vide qui se creuserait pour vous en Asie ou en Amérique. Mais nous, nous n'avons pas de nouvelles colonies, et, des vieilles, qu'est-ce que nous avons encore, en comparaison de ce que nous avons eu ? Cependant des colonies nous sont plus utiles qu'à vous-mêmes, à cause de notre position géographique, à l'extrémité de l'Europe, et entre deux mers. Vous tenez, vous, au continent ; vous y êtes solidement liés par une longue frontière territoriale, ouverte sur quatre ou cinq pays, et, à travers ceux-là, sur tous les autres. Nous, nous sommes une péninsule, fermée, du côté de la terre, par de hautes montagnes. Nous n'avons de jour que sur l'Océan et sur la Méditerranée, une mer occidentale et une mer orientale.

C'était, en vérité, le génie de l'Espagne qui portait nos pères à suivre le double flot, se retirant et les attirant vers l'Occident et vers l'Orient ; et avec eux allait la fortune de l'Espagne. Comme péninsule, il nous faut une marine ; pour que nous ayons une marine, il nous faut une attraction sur la mer vers l'Orient et vers l'Occident ; et c'est en quoi Cuba et les Philippines nous tiennent par des liens que *nous ne pouvons pas* leur permettre de rompre. Il y va de la vie, il y va de l'honneur et, pourquoi le cacher ? il y va aussi de l'argent. Si pauvre, si affaiblie ou si attardée, si peu développée qu'on la dise au point de vue économique, l'Espagne a trois provinces au moins industrieuses et riches. Elle a les fers de la Biscaye, les tissus de la Catalogne et les blés de l'Andalousie ; quand même tout le marché intérieur leur serait réservé, il ne suffirait pas. En sorte que Cuba et les Philippines nous sont à la fois historiquement sacrées, politiquement nécessaires et économiquement utiles. » Ainsi s'exprime, ou à peu près, un homme qui passe, à juste titre, pour dire de fort bonnes choses et les dire fort bien.

Mais de ces deux points opposés, de l'Occident et de l'Orient, l'un force et enchaîne l'attention plus que l'autre : l'Occident plus que l'Orient ; Cuba plus que les Philippines ; soit que le péril paraisse moins grave ou moins urgent ici que là, soit qu'on le voie moins et que l'on connaisse moins les difficultés, soit qu'on y redoute moins de complications et de moins sérieuses ; soit que l'on dédaigne un peu ces adversaires à demi sauvages et qu'on se flatte d'en finir tout de suite avec eux, lorsque l'on en aura fini avec les autres ; soit que l'on ne sente pas autant le prix des Philippines que le prix de Cuba, ou plutôt que les fibres soient plus relâchées, qu'il y ait moins de communications entre la métropole et les colonies : le fait est que l'Espagne n'a envoyé aux Philippines que de 25 à 30.000 hommes, tandis qu'elle a ou va avoir 220.000 hommes à Cuba.

II

La siempre fiel isla de Cuba! « La toujours fidèle île de Cuba! » — Comme cette épithète paraît ironique aujourd'hui ! Et comme elle marque l'attachement de l'Espagne à Cuba, plus et mieux que l'attachement de Cuba à l'Espagne ! Nous vivons dans un siècle ennemi de la fidélité : les princes et les peuples en ont fait l'expérience ; entre toutes les vertus malades, il n'en est pas de plus frappée que ce qu'on appelait jadis le loya- lisme. La toujours fidèle île de Cuba l'a, pour son compte, totalement oublié. Depuis la tentative de Narciso López sous le gouvernement du général Concha, vers 1850, en passant par les conspirations de D. Ramon Pintó, de Estrampes, de Santa Rosa et autres, jusqu'à la fameuse Guerre de Dix Ans, de 1868 à 1878, Cuba n'a plus connu la paix, ni l'Espagne la sécurité. Paix et sécurité compromises depuis bien longtemps, si, depuis 1810 ou 1812, l'île est travaillée sourdement et agitée, d'abord en secret, par des associations plus ou moins mystérieuses, mais toutes révolutionnaires, qui bientôt y foisonnent, car la vie là-bas est d'une monstrueuse exubérance, et tout ce qui y naît tout de suite y pullule.

La prédication des loges maçonniques des *Racionales Caballeros*, des *Soles de Bolivar* et de l'*Aguila Negra*, reprise en chœur par d'autres compagnons au nom et aux allures bizarres, aux intentions identiques, *Anilleros*, *Cadenistas*, et, comme partout à cette date, *Carbonarios*, ne tarda guère à porter ses conséquences logiques. L'exemple des soulèvements militaires, en Espagne même, fit le reste. Des rébellions éclatèrent, en 1823, en 1833, dans les troupes auxquelles des officiers politiciens avaient appris l'art des *pronunciamientos* et dont, à leur tour, les Cubains apprenaient l'art des insurrections. Il se fonda des « juntes patriotiques cubaines » dans les divers pays et les diverses îles, dans toutes les Amériques d'alentour, au Mexique, en Colombie, aux États-Unis. Et ce sont alors, jusqu'à la vraie Guerre de Dix Ans, trente ou quarante années remplies d'intrigues et d'alertes, de complots avortés ou vite réprimés, de machinations et d'arrestations : à en faire la somme, il n'y a pas moins de soixante-dix à quatre-vingts ans que Cuba conspire, ou que l'on conspire à Cuba contre les autorités espagnoles et contre la souveraineté de l'Espagne.

En ce siècle presque tout entier, Cuba n'aura été fidèle qu'à ses rêves d'infidélité. Mais, à moins de supposer la folie, — et les pires folies ne sont pas si longues, — on ne conspire point sans causes pendant soixante-dix ou quatre-vingts ans : des causes à cet interminable état de malaise et de trouble, il est impossible qu'il n'y en ait pas; il est certain qu'il y en a, et de plusieurs espèces ; il est probable qu'il y en a du chef des Cubains, comme du chef des Espagnols.

Pour ce qui est des Cubains, on en voit de géographiques, d'ethnographiques, de psychologiques, de politiques, d'économiques, d'historiques, sans mentionner ici une cause plus générale, qui pourtant agit à Cuba comme ailleurs, et dont on ne saurait faire abstraction.

Causes géographiques : la colonie est à plusieurs jours de la métropole, et à cinq ou six heures seulement de la Floride, c'est-à-dire des États-Unis. — Outre qu'elle est, par sa fertilité et par son étendue, la reine des Antilles, par sa position elle ouvre ou ferme le golfe du Mexique, et nul n'y sera tout à fait chez soi, qui n'en tiendra pas cette clef. — Causes ethnographiques : la population de l'île est formée de couches superposées et mêlées. Sur 1.600.000 habitants environ qu'atteignent les recensements officiels, on compte 500.000 à 600.000 noirs. Le reste va du noir au blanc, de dégradé en dégradé de ton, ou monte du blanc au noir toute la gamme des nuances : Espagnols purs, arrivant de la péninsule, mariés à de pures Espagnoles ; puis Espagnols mariés à des Cubaines ; étrangers : Anglais, Français, Allemands, Yankees ; Cubaine fils d'un Espagnol et d'une Espagnole, et Cubains fils d'un Espagnol ou d'un étranger et d'une Cubaine ; puis Cubains fils de Cubain et de Cubaine ; croisements d'Espagnols, d'étrangers ou de Cubains et de négresses ; enfin, purs nègres d'Afrique, pur bois d'ébène récemment importé, puisque, malgré les lois et les mesures contraires, l'esclavage s'est maintenu à Cuba jusqu'en ces derniers temps ; et, par-dessus le marché, des Asiatiques, des jaunes, coolies chinois, au nombre, selon certains auteurs, de près de 80.000 [1].

---

[1] D. J.-B. Casas, *la Guerra separatista de Cuba.*

Et toutes ces demi-teintes, tous ces quarts de teinte de la peau, on les retrouve dans les cerveaux ou dans les âmes. L'Espagnol pur s'est, de tout temps et en Espagne même, montré parfaitement ingouvernable : c'est le premier roi d'Espagne, Aragon et Castille réunis, c'est Ferdinand le Catholique qui le disait, au moment où Christophe Colomb venait de lui donner l'Amérique. Il s'en plaignait à Guichardin, alors ambassadeur près de lui [1] : « Nation très propre aux armes, lui confiait-il, mais *désordonnée* ; où les soldats sont meilleurs que les capitaines, et où l'on s'entend mieux à combattre qu'à gouverner et à commander. » Sur quoi, l'envoyé florentin, cherchant une explication, ajoute : « C'est peut-être parce que la discorde est naturelle aux Espagnols, nation d'esprits inquiets, pauvres et tournés aux violences »; — et la traduction adoucit le texte.

Ingouvernables dès le xve siècle, sous Ferdinand et Isabelle, les changements de dynastie et les changements de régime n'ont fait que perpétuer et accroître chez les Espagnols ce penchant naturel à l'anarchie: ingouvernables en Espagne même, ils le sont devenus bien davantage encore aux colo-

---

[1] Guichardin, Opere Inedite, *Relazione di Spagna.*

nies. Les fils d'Espagnols et de Cubaines sont venus ensuite aggraver, dans la race mixte qui naissait avec eux, cette disposition fâcheuse, que les fils de Cubains et de Cubaines, à la deuxième génération, ont portée à l'état aigu.

L'immigration étrangère, d'autre part, ne pouvait redresser ni corriger ce vice originel : tout au contraire ; car si une nation, quelle qu'elle soit, colonise toujours par ses éléments les plus aventureux, ce sont d'autres éléments d'aventure, « des esprits plus inquiets, de plus pauvres, de plus violents encore » à l'habitude, qui s'y adjoignent du dehors. Cette immigration d'étrangers de souches et de provenances diverses ne devait aboutir et, en effet, n'a abouti qu'à augmenter considérablement le désordre : non pas seulement par les idées ou les préjugés politiques, si hétérogènes, que les uns et les autres ont introduits dans l'île ; mais, le peu d'unité qui pouvait exister avant elle, elle a contribué à le détruire. D'unité sociale au sens propre, il n'y en avait pas, et l'on a dit pourquoi, en rappelant qu'il y a vingt ans à peine que, dans le fait, l'esclavage a été aboli à Cuba. Mais, comme en toute contrée de population espagnole, il y avait du moins un lien, qui était la foi, le *Credo* religieux : tout ce qui était Espagnol ou issu d'Espagnol, par cela même, était catholique. Avec les Allemands, les Anglais et les Américains du Nord, ont pénétré dans l'île vingt sectes protestantes, des méthodistes aux quakers ; avec les Français et les Italiens, ce que l'on nomme la libre pensée. Tout au fond, tout en bas, les nègres, mal décrassés de leur fétichisme africain ou livrés à un *ñañiguisme* obscène et sanglant[1]. Quant aux Chinois, qui sont évidemment ce qu'il y avait de plus misérable en Chine, ils ne pratiquent que les formes les plus grossières du boudhisme, déguisées parfois, dans l'espoir du lucre, sous quelques simagrées d'édification chrétienne.

Au total, une confusion, nulle fusion, ni ethnique, ni politique, ni religieuse : de quoi rendre plus ingouvernable encore un mélange d'hommes qui n'est pas une nation, pas même un peuple, et dont chaque élément premier était déjà naturellement ingouvernable. L'attachement patriotique envers l'Espagne, quelque vif qu'il soit dans certaines classes, n'est point, lui non plus, un ciment entre toutes les classes. C'est bien d'après lui que tend à se faire, depuis les récents événements, le classe-

---

[1] Rafaël M. Merchan, *Variedades*, t. I, p. 481. *La poblacion de color en Cuba*. — Cf. Juan-Bautista Casas, *la Guerra separatista de Cuba*, p. 123 et suiv. — Eugenio-Antonio Flores, *la Guerra de Cuba*, p. 62-63.

ment des partis cubains, qui n'épousent pas aveuglément les querelles des partis de la métropole, puisque l'un d'eux, *l'Union constitutionnelle*, comprend à la fois des personnes qui, en Espagne, seraient classées sous les trois étiquettes de conservateurs, de libéraux et de républicains, tandis que l'autre, *le Parti autonomiste*, tend de plus en plus à devenir un parti séparatiste, en tout cas, pousse l'amour de l'autonomie jusque tout près de la séparation. Les Espagnols de race pure forment, par conséquent, le noyau de *l'Union constitutionnelle* ; on ne dit pas, — ce qui serait manifestement inexact, étant donné le nombre de ses adhérents, — qu'ils le composent à eux seuls ; mais il est aisé de concevoir que l'attachement pour l'Espagne diminue à mesure que décroît la *limpieza*, la pureté du sang espagnol.

Le créole est moins passionnément Espagnol que l'Espagnol pur ; le mulâtre l'est moins que le créole ; l'étranger ne l'est pas du tout, et le nègre ou le Chinois n'est rien du tout. Si l'Espagnol pur veut, comme jadis, rester le maître, traiter l'île comme sa chose, une chose conquise, — ce que les mécontents lui reprochent, — tous les autres jalousent celui-ci et se méprisent d'étage en étage, jusqu'au dernier degré de l'abjection, où sont le nègre et le Chinois. La règle d'action leur est donc toute tracée : pour tous, se débarrasser de l'Espagnol, quitte, après cela, pour chacun, à se soumettre les autres. Nous n'en sommes encore qu'à l'heure où tous ensemble conjurés tentent d'arracher du sol cubain le drapeau rayé de jaune et de rouge, et de le remplacer par le drapeau rayé de blanc et de bleu, avec l'étoile solitaire... Mais dans ce même camp où créoles et nègres « fraternisent » contre l'Espagnol, il n'y a vraiment qu'une pensée commune : chasser l'Espagne de Cuba, et ils ne fraternisent que de haine.

Cette pensée seule leur est commune, ou cette haine, qui leur tient lieu de pensée : les intentions, les mobiles ne le sont pas ; parmi ces alliés d'un jour, il y a de tout : il y a (c'est un type trop rare) la « vieille barbe » classique, le philanthrope qui sacrifie à des principes ; il y a l'aventurier qui se bat pour toucher une solde et l'aventurier qui se bat pour se battre ; il y a le bandit de profession, qui ne voit dans la guerre qu'un agrandissement et comme une justification ou une réhabilitation de son commerce. Il y a l'esprit humain qui court sur les nues après la chimère ; il y a, hélas ! il y a surtout, la bête humaine qui, brutalement, retourne et retombe à la sauvagerie ; et pour un blanc qui d'un cœur sincère se propose de réconcilier en une seule famille, dans le symbole républicain, toutes les races proclamées libres et égales, il y a cent nègres qui s'enivrent et s'hallucinent de voler, de piller, d'incendier, de tuer, ou de violer des femmes blanches. Il y a sans doute, dans le camp insurgé, quelqu'un que tentent les lauriers de Bolivar, mais sûrement ils sont plusieurs que tentent les épaulettes, le panache, la friperie dorée, la verroterie militaire de Soulouque.

Et les causes psychologiques de la révolution de Cuba ramènent à ses causes historiques, en tête desquelles la contagion venue des États espagnols de l'Amérique du Sud, de l'Amérique centrale et des Antilles même, de la Colombie, du Mexique et de Saint-Domingue : Cuba veut se séparer de l'Espagne, parce que non loin d'elle, et pour ainsi dire à sa vue, d'autres colonies s'en sont séparées. Ce qui fait que l'on touche ici, au-dessus des causes particulières, une cause plus générale, presque une loi ; et c'est que, dans un temps donné, il n'est pas de colonie qui ne fasse effort pour se détacher de la métropole, à moins d'être peuplée exclusivement par des races très inférieures. L'Amérique septentrionale, à la fin du siècle dernier, l'a bien prouvé à l'Angleterre ; les autres Amériques, au commencement de ce siècle, l'ont bien prouvé aux Espagnols.

Dès qu'il y a eu à Cuba des Cubains, fils d'Espagnols, mais nés à Cuba et non en Espagne, la formule : *Cuba aux Cubains !* devait apparaître et est apparue ; corollaire, d'ailleurs, d'une autre formule qui retentit entre les deux pôles à travers tout un hémisphère : *l'Amérique aux Américains !* Notre ennemi, dans ce cas, c'est notre père ou notre frère ; l'ennemi du Cubain natif, c'est l'Espagnol ; c'est l'homme qui vient de l'autre rivage de l'Océan cultiver la terre de Cuba ou remplir une fonction publique à Cuba ; ne fût-il qu'un pacifique employé de la régie, ou, moins encore, un pauvre laboureur de Galice, dès qu'il lui faut pour vivre un petit champ à Cuba, un petit emploi à Cuba, c'est toujours un *conquistador :* et si peu qu'il tire de Cuba, autant il en prend, autant il en vole. — Voilà assez de motifs d'agitation et d'insurrection que les Cubains se donnent à eux-mêmes et qui résident en eux-mêmes ; mais ce n'est pas tout : ils soutiennent que les Espagnols leur en fournissent de plus nombreux et de plus irritants encore, et ils énumèrent longuement leurs griefs.

A les en croire, à en croire ceux d'entre eux qui

savent ce qu'ils font, l'Espagne est la plaie de Cuba. Si l'île n'est pas plus peuplée, plus prospère, plus avancée en civilisation, c'est la faute des Espagnols. S'il y a trop de nègres à Cuba, c'est leur faute ; pourquoi ont-ils exterminé les Indiens ? — Et s'il y a trop peu de blancs, c'est leur faute, parce que de toute façon ils les ont découragés de venir ; parce qu'ils ont exigé des immigrants leur extrait de baptême, et que pour un peu ils leur eussent demandé un billet de confession. Si le sucre de canne ne se vend plus aussi cher ou ne se vend plus, ce n'est point par la concurrence du sucre de betterave: c'est la faute des Espagnols, qui n'en consomment pas suffisamment et qui établissent des droits tels qu'ils empêchent les autres d'en manger. Si le fin tabac de la Havane, celui de la partie occidentale de l'île, de *la Vuelta Abajo*, ne rend pas autant qu'il devrait rendre, et si les cigares vendus sous ce nom glorieux de *havanes* sont faits avec les feuilles moins parfumées des plantes nourries dans les provinces de Puerto-Principe et de Santiago de Cuba, c'est la faute des Espagnols ; c'est leur faute si le sucre est moins cher et le tabac moins bon.

« L'Espagne refuse au Cubain tout pouvoir effectif dans son propre pays. — L'Espagne condamne le Cubain à l'infériorité politique sur le sol où il est né. — L'Espagne confisque le produit du travail des Cubains sans leur donner ni sécurité, ni prospérité, ni instruction. — L'Espagne exploite, écrase et corrompt Cuba. » — Nous ne nous chargeons pas de démêler ce qui, dans ces récriminations, est fondé, ce qui l'est moins, ce qui ne l'est guère et ce qui ne l'est point; mais, pour être juste, il faut dire qu'il n'est pas un de ces articles que les Espagnols aient laissé sans réponse. Le gouvernement lui-même y a fait répondre dans une brochure officieuse, d'une concision et d'une précision remarquables, publiée sous ce titre : *L'Espagne et Cuba, état politique et administratif de la grande Antille sous la domination espagnole* [1]. Et, si le gouvernement paraît dans cette affaire trop intéressé, un prêtre qui connaît bien Cuba pour y avoir passé de longues années, et qui n'est pas suspect de tendresse envers les autorités militaires ou civiles pour avoir eu, sur des choses d'église, maille à partir avec elles, don Juan-Bautista Casas [2], répond exactement ce que le gouvernement répondait.

---

[1] *España y Cuba, Estado político y administrativo de la grande Antilla bajo la dominacion española.*

[2] D. Juan-Bautista Casas, *la Guerra separatista de Cuba.*

« L'Espagne refuse au Cubain tout pouvoir effectif dans son propre pays. » Du côté espagnol, on réplique par la liste des Cubains pourvus de hauts emplois dans l'armée, l'enseignement, la magistrature, le clergé, les diverses administrations, tant dans la péninsule que dans les possessions d'outre-mer. — « L'Espagne condamne le Cubain à l'infériorité politique sur le sol où il est né. » Du côté espagnol, on répond que Cuba est représentée aux Cortès par 13 sénateurs et 30 députés, et que le Cubain (quoiqu'il y ait Cubain et Cubain) n'est condamné à l'infériorité ni dans l'État, ni dans la province, ni dans la commune.

« L'Espagne confisque le produit du travail des Cubains » (cela se rapporte probablement à l'impôt et à l'usage qui en est fait), sans donner à Cuba la sécurité, la prospérité, l'instruction. — Du côté espagnol, on répond que ce n'est pourtant point l'Espagne qui fomente les prises d'armes, pour avoir le plaisir de dépenser du sang dont elle n'a pas de trop, et de l'argent dont elle n'a pas assez, à les arrêter ou à les châtier. — « Donner à Cuba la sécurité ! » Mais c'est Cuba qui doit et peut se la donner à elle-même. Lorsqu'une insurrection se produit, ce n'est pas dans les rangs espagnols que vont aussitôt s'enrôler les brigands authentiques, — les gens sans métaphore *volti a'latrocinii*, — ceux qui rançonnent villages, usines et fermes, comme ce Manuel Garcia, qui se fit appeler : *Manuel Ier, roi des champs de Cuba*, jusqu'à ce que « l'humble sacristain de la paroisse de Arcos de Canasi » abattît sa couronne toute neuve et le tuât, *en la bodega* de Seborucal, dans la nuit du 24 février 1895. — Pour la prospérité, il est certain que cinquante ans de trouble, précédant dix ans de guerre, eux-mêmes suivis d'à peine vingt ans de paix boîteuse, n'ont pu que médiocrement la servir ; mais, répondent les Espagnols, est-ce bien aux Cubains de nous en faire un crime ? Et que vont-ils chercher des coupables hors de Cuba ?

« L'instruction, disent-ils : l'Espagne les a laissés sans instruction. » Mais, du côté espagnol, on répond : — « Eh quoi ! n'y a-t-il pas à la Havane une université complète : facultés des sciences, de philosophie et de lettres, de médecine, de pharmacie et de droit ? N'y a-t-il pas à Cuba des collèges et des écoles primaires ? Le recteur de l'université de la Havane ne nomme-t-il pas une partie des maîtres et des maîtresses de ces écoles ? Et le recteur ne peut-il pas être Cubain ? La preuve qu'il peut l'être : D. Joaquin F. Lastres est Cubain, et le vice-recteur est Cubain, et les doyens de toutes les facultés sont Cubains ; et, sur 80 professeurs, 60 sont Cubains! » On en convient, il est de mode à Cuba de dédaigner et de dénigrer tout ce qui est espagnol : rien ne vaut qui ne soit américain, anglais ou, au moins, français ; mais l'américain fait prime. Il n'y a de médecins, d'avocats, d'ingénieurs, de littérateurs, de mathématiciens et de naturalistes qu'américains ; il n'y a de nouvelles, d'histoires, de traités de physique, de revues et de journaux qu'américains. Mais l'Espagne en est la première victime; et que les Cubains se refusent à penser en espagnol, elle n'en peut mais, et elle en gémit.

« L'Espagne s'est montrée incapable de gouverner et d'administrer Cuba. » Sur quoi les Espagnols reprennent : « Les lois des Indes, *las Leyes de Indias*, qui ont longtemps régi nos colonies, étaient humaines, sages, et les meilleures qui pussent alors être faites et appliquées. Nous reconnaissons sans peine qu'elles ont vieilli et que l'esprit moderne ne s'en accommoderait plus. Aussi ne pouvions-nous refuser et n'avons-nous pas refusé de leur en substituer d'autres. Il se peut que, depuis les catastrophes du commencement de ce siècle, l'Espagne ait eu une politique coloniale incohérente et décousue, ou même, ou plutôt, n'ait pas eu de politique coloniale. Les luttes constitutionnelles contre le pouvoir absolu de Ferdinand VII, les guerres civiles qui ont ensanglanté la régence de la reine Christine, les *pronunciamientos* qui ont tenu en suspens et comme entrecoupé le règne d'Isabelle II, et sauf peut-être les cinq années du ministère d'O' Donnell, — *los cinco años*, — cinquante années de vie au jour le jour et de provisoire à la merci d'un coup de main ont fait que l'Espagne, trop inquiète sur elle-même, a négligé ses colonies, qui ont pu sembler, en effet, n'être plus ni gouvernées, ni administrées, ou qui souvent l'ont été « d'une manière détestable », on ne saurait le nier, — et ce sont des Espagnols exaltés qui l'avouent.

Cependant, à partir de 1865, et sous l'impulsion de M. Cánovas, en ce temps-là ministre des colonies [1], le gouvernement de la métropole s'est engagé résolument dans la voie des réformes justes et nécessaires ; la Révolution, de 1868 à 1876, s'y est précipitée ; et depuis la Restauration, que les

---

[1] *Ministerio de Ultramar, Junta informativa de Ultramar*; Madrid, 1869, in-folio. — Ce document est pour ainsi dire introuvable, mais une édition anglaise, ou une abréviation, en avait paru, je crois, à New-York, chez Hallet et Breen, en 1867.

libéraux ou les conservateurs fussent aux affaires, il y a eu des marches et des contremarches, des faux pas et des tâtonnements; mais on n'est pas revenu en arrière, on ne s'est pas arrêté, et vingt lois votées en témoignent. Ces vingt lois nouvelles ont fait de Cuba une province espagnole, assimilée aux provinces de la péninsule, et qui peut être mal administrée, mais ne l'est ni plus mal ni moins mal que les autres, ou ne l'est plus mal que parce qu'elle est plus loin. L'administration de Cuba est mauvaise, assurent les Cubains, qui se plaignent des chemins de fer, des routes, des postes et des télégraphes, de tout. « — Et moi, disait Guatimozin, crois-tu donc que je sois sur un lit de roses? »

Toute la question est en ceci : Cuba est-elle traitée comme une autre province d'Espagne? — Non, protestent les révoltés : « L'Espagne écrase, exploite et corrompt Cuba. » — Elle l'écrase. S'agit-il de la Dette, que les insurgés évaluent à un milliard et demi [1], et qui, suivant eux, est mise à la charge de l'île au mépris de la plus vulgaire équité? — La Dette, répondent les Espagnols, elle est le fruit des insurrections. Avant la

---

[1] V. Mestro Amabile, *la Question cubaine et le Conflit hispano-américain*

guerre de 1868, le déficit était insignifiant. C'est la guerre, et la guerre seule, qui l'a creusé en abîme. Les dépenses s'enflant outre mesure et les contributions ne rentrant plus, on a été contraint de recourir au crédit : de là, l'emprunt à la Banque espagnole de la Havane, en 1868 ; les émissions de bons et billets du Trésor, en 1872 et 1874 ; les emprunts de 1875 et de 1876 ; l'émission de billets de la Banque espagnole pour le compte des Finances et l'affectation hypothécaire des rentes de l'île pour garantir des émissions, telles que celle des obligations du Trésor en 1878 ; tout cela, durant la guerre ; et, après la guerre, mais à cause d'elle, et pour en liquider les frais, les émissions de 1882, refondues avec les emprunts et unifiées dans les billets hypothécaires émis, en 1886, à concurrence de 620 millions et, en 1890, à concurrence de 222.500.000 pesetas [1]. Le poids en est lourd, certainement, mais les Cubains l'ont mis eux-mêmes sur leurs épaules.

Maintenant, quand ils prétendent que l'Espagne les « écrase », est-ce seulement de contributions qu'ils veulent dire (à tort, ripostent les Espagnols, car Cuba paye beaucoup moins que la métropole) ?

---

[1] *España y Cuba*, publication officieuse, p. 110-111.

N'entendent-ils pas autre chose? et ne font-ils pas le procès de la politique traditionnelle de l'Espagne dans ses colonies? S'il en est ainsi, et même si cette accusation revêt un caractère rétrospectif, si les Cubains incriminent ce qui s'est fait autrefois bien plus que ce qui se ferait encore, même sur ce point, même dans le passé et dans l'histoire, les Espagnols n'acceptent pas la flétrissure sans se défendre. Ils ne tiennent, à coup sûr, pour des saints, ni Cortez, ni Pizarre, ni leurs compagnons ou leurs successeurs. Ils ne contestent pas que, s'ils ont évangélisé l'Amérique, c'est autant avec l'épée qu'avec la croix, autant avec des reîtres qu'avec des prêtres. Mais ils n'admettent point que la politique coloniale de l'Espagne ait été, comme on l'en blâme, froidement et systématiquement cruelle, et ils invoquent en sa faveur les instructions que donnait Philippe II à don Pedro de la Gasca, vice-roi du Pérou[1]; puis, par déduction *a fortiori :* si Philippe II n'a pas suivi envers les colonies cette politique sans miséricorde, à combien plus forte raison Charles III ou Isabelle II, ou Alphonse XII ne se sont-ils pas gardés de la suivre? Depuis que les affaires de Cuba occupent

---

[1] D. J.-B. Casas, *la Guerra separatista de Cuba.*

la tribune des Cortès, toutes les opinions se sont
fait jour en des discussions ardentes : mais on ne
sache pas qu'il soit personne qui n'ait vanté la
générosité, la *caballeria* espagnole, qui n'ait re-
commandé le pardon, l'oubli des injures, et, après
la victoire, la réconciliation dans le plus de liberté
possible : si bien qu'il faudrait un cynisme éhonté
pour oser mettre les actes en contradiction fla-
grante avec les paroles ; mais n'est-il pas absurde
de soupçonner une nation entière d'une pareille
hypocrisie ?

Reste le suprême grief : « L'Espagne exploite et
corrompt Cuba. » — Exploiter, qu'est-ce à dire ?
interrogent les Espagnols. Si le mot signifie que
l'Espagne cherche à tirer profit de Cuba, il signifie
une vérité, mais il n'y a peut-être pas un grand
machiavélisme à déclarer franchement qu'un pays
n'a de colonies que pour les exploiter : exploiter
honnêtement, ne point sortir des bornes de la justice et de la morale, tout est là. — « Mais les
Espagnols, s'écrient les Cubains, nous exploitent
contre toute justice et toute morale ; et ils nous
corrompent en nous exploitant ! » Il y a un court
silence, du côté espagnol ; puis on répond d'une
voix raffermie : Sans doute, il se passe à Cuba
d'assez vilaines choses. En Espagne, ainsi que par-

tout, chaque homme politique traîne, malgré lui, à ses trousses, une clientèle, une *camarilla* de quémandeurs de places. Et comme, en Espagne ainsi que partout, les ministères se succèdent rapidement, il en résulte dans certains cas que les moins scrupuleux de leurs clients, une fois pourvus, veulent faire rapporter à la place tout ce qu'elle est susceptible de rendre, et plus qu'elle ne devrait légitimement donner. On exagère quand on parle de grosses aisances ou même de grosses fortunes acquises dans l'administration cubaine; quand on s'en prend, en bloc, à toute la hiérarchie, du simple expéditionnaire au capitaine général, c'est pis qu'une exagération : à médire trop légèrement, on a vite fait de calomnier.

Mais quoi? Ce qu'en d'autres pays on connaît sous le nom de *pot-de-vin*, à Cuba on le connaît sous le nom de *chocolat*. Et l'on est obligé de confesser qu'il ne manque point à Cuba de gens qui mangent de ce *chocolat*. Seulement, parcourez les livres qui les dénoncent [1]. Qu'y voyez-vous? Des fraudes dans les douanes, des fraudes sur les déclarations de successions; fraudes vis-à-vis du Trésor, fraudes telles qu'il n'est pas de colonie au

---

[1] F. Moreno, *El Pais del Chocolate (La Inmoralidad en Cuba)*.

monde, et presque pas de métropole où il ne s'en
commette d'analogues ; fraudes qui s'étalent à Cuba
plus qu'ailleurs, parce que la moralité est pour
beaucoup une affaire de latitude, et que les consciences y vont toutes nues, exposées à une tempé-
rature de serre chaude qui fait éclore les vices
dans les âmes pourries, comme les orchidées sur
les bois pourris... Fraudes bilatérales qui sup-
posent, derrière le corrompu, le corrupteur. Or
lequel des deux est le plus coupable, de celui qui
corrompt ou de celui qui se laisse corrompre ? Le
bon curé don Juan-Bautista Casas établit en due
forme de démonstration théologique que c'est le
corrupteur, le séducteur, le tentateur, *don Lucifer*,
qui doit être brûlé le premier [1].

Et, au surplus, si le corrupteur est toujours un
Cubain, le corrompu est-il toujours un Espagnol ?
L'administration espagnole est-elle pour les Cubains
l'école du scandale ? Est-elle si gangrenée ? sont-ils
si innocents ? M. Romero Robledo, qui regrettait,
étant ministre, de ne pouvoir « arracher jusqu'à la
racine » la plante vénéneuse de l'administration
cubaine, a complété, l'été dernier, ses déclarations
en ajoutant que 80 pour 100 des employés sont

---

[1] D. J.-B. Casas, *la Guerra separatista de Cuba.*

des Cubains [1]. D'où l'on veut conclure, en Espagne, que Cuba s'exploite et se corrompt elle-même. — Ainsi attaquent les Cubains, ainsi ripostent les Espagnols ; ainsi du moins raisonnaient-ils pendant qu'ils raisonnaient encore ; à présent ils ne s'expliquent plus qu'à coups de fusil.

[1] Discussion sur la réponse au Discours de la Couronne, Chambre des députés, séance du 14 juillet 1896.

III

On s'en souvient : la Guerre de Dix Ans se termina par le pacte, la convention ou la capitulation du Zanjón, en date du 10 février 1878. « Capitulation » est le terme qui convient le mieux, puisqu'il n'y a, dans le texte, que des conditions proposées par « le peuple et la force armée du département du Centre et des groupements partiels des autres départements, constitués en junte », conditions formulées dans un document signé du président seul et du seul secrétaire de la Junte, acceptées ensuite par le général Martinez Campos, commandant en chef des troupes espagnoles. Ces conditions de capitulation, proposées d'une part et acceptées de l'autre, comportaient : 1° l'organisation politique et administrative de l'île de Cuba sur le modèle de celle de Puerto Rico ; 2° l'amnistie des délits politiques, la mise en liberté des prisonniers et la grâce des déserteurs; 3° l'émancipation des colons asiatiques et des esclaves servant dans les rangs insurgés; 4° les voies ouvertes pour sortir de l'île à tous ceux qui voudraient le faire, sans que les révolutionnaires, après leur soumission, pussent être astreints au service militaire contre leurs amis de la veille.

Comment fut obtenue la capitulation du Zanjón, plus que violemment critiquée en son temps par des généraux même, entre autres par le général Salamanca, et, pour le dire brusquement, si D. Arsenio Martinez de Campos acheta ou non les rebelles, c'est un fait qui n'est pas encore absolument tiré au clair. Aux invectives du général Salamanca, le marquis del Pazo de la Merced, don José Elduayen, alors ministre des colonies, et M. Cánovas del Castillo, alors comme aujourd'hui président du conseil, répondirent sur un ton tranchant et péremptoire [1] : Martinez Campos a toujours nié et fait nier ; M. Cánovas n'a jamais officiellement reconnu que le gouvernement espagnol eût « acheté » la reddition de la Junte du Centre.

---

[1] *La Paz de Cuba* Discursos pronunciados por don Antonio Cánovas del Castillo, y don José Elduayen, el dia 8 de Mayo de 1878.

Peut-être n'est-il pas téméraire de croire qu'il y a lieu, ici, à l'un de ces « distinguo » dont la casuistique politique ne s'interdit pas plus qu'une autre l'habile usage : distinguons. — Si l'on prétend que le général Martinez Campos a payé les insurgés, avant de les avoir battus et pour qu'ils missent bas les armes, alors, non, il ne les a pas achetés. — Mais, si l'on soutient que, les ayant battus et contraints à déposer les armes, il a récompensé leur bonne volonté, il les a payés pour qu'ils se tinssent tranquilles, alors oui, il les a achetés. Il n'y a eu ni marché ni indemnité préalable, et, en ce sens, le général n'a pas acheté la capitulation du Zanjón : il y a eu indemnité, dédommagement et comme demi-solde de non-activité ; en ce sens, le général l'a achetée [1]. Pas très cher : moins cher que, dans les cinq ou six semaines pendant lesquelles l'insurrection eût pu se traîner encore, la guerre eût coûté à l'Espagne : quelques millions de pesetas.

Mais déjà, le 10 février, il était manifeste que la révolution, au moins dans les départements du Centre, était à bout de souffle, qu'elle haletait et

---

[1] Voy. Eugenio-Antonio Flores, *la Guerra de Cuba* (*Apuntes para la historia*). — Les explications de M. Flores, tout dévoué au maréchal Martinez Campos, permettent d'en retenir l'aveu.

râlait, et que ce qui leur restait de vie, ses adeptes le dépensaient à se déchirer les uns les autres. Les munitions et les vivres manquaient ; les discussions, les rivalités, les rancunes, les jalousies étaient arrivées aux extrêmes ; les « soldats » d'une province ne voulaient plus obéir aux « officiers » de la province voisine, ou, plus exactement, personne n'obéissait plus à personne. Il y avait bien un président de la République, Vicente Garcia, et une Chambre des députés, errant dans la *manigua*, dans la brousse... Mais, le 6 février, comme Vicente Garcia cheminait du campement de San-Agustin au campement du *Chorrillo*, où l'attendait, pour traiter, Martinez Campos, un de ses compagnons dit, en le montrant du doigt, à l'aide de camp du général espagnol qui les conduisait vers lui : « A l'heure qu'il est, un grand nombre d'insurgés obéiraient à Martinez Campos plus volontiers qu'à celui-ci ! » Et, lorsque la Chambre fut dissoute : « Le café même, s'écriait un chef de bande, célébrant la nouvelle sous sa tente, le café même paraît meilleur depuis qu'il n'y a plus de Chambre [1] ! »

Aux premiers jours de février, la révolution en était là, c'est-à-dire qu'elle était finie, lorsque le

____
[1] Eug.-Ant. Flores, *la Guerra de Cuba*, p. 369 et 370.

maréchal, tout en pensant qu'il pourrait imposer la paix sans concessions, « préféra payer un peu cher les fusils qu'on lui livrait, plutôt que d'exposer ses troupes aux inclémences de l'été, plus meurtrier que le plomb ennemi, dont lui ni ses hommes n'avaient jamais eu pour [1]. » Noble souci et qui ne peut qu'honorer davantage un soldat que la guerre a comblé d'honneurs... Si donc on insiste sur ce caractère spécial de la capitulation du Zanjón, ce n'est, à aucun degré, pour satisfaire une vaine ou malicieuse curiosité, c'est que ce caractère de capitulation rétribuée a eu sur la suite des événements une influence que le général Martinez Campos n'avait pas mesurée, ayant peut-être vu juste, mais n'ayant pas vu loin, et n'ayant pas assez réfléchi que c'est rendre l'insurrection périodique, que de la rendre lucrative.

Tout, en effet, ne fut pas fini avec la capitulation du Zanjón. Les derniers mois de 1878 et les premiers de 1879 furent marqués par des soulèvements et des répressions. Après les dix années de la grande guerre que venait de terminer Martinez Campos, on eut, dans les provinces orientales, *la Guerra chiquita*, la petite guerre, qui fit la réputation du

____
[1] Flores, p. 418.

général Polavieja ; et, après *la Guerra chiquita* elle-même, on eut plutôt des trêves que la paix. Les anciennes bandes restaient groupées et organisées pour l'insurrection ; quand elles le pouvaient, elles cachaient leurs armes au lieu de les livrer ; et, comme elles se composaient de gens pour la plupart sans foyer ni attaches au sol, elles habitaient en quelque sorte par compagnies ou par colonies militaires, en attendant le signal de reprendre la campagne. Cette reprise des hostilités, les juntes révolutionnaires cubaines du dedans et du dehors n'ont pas cessé de la préparer, et les mêmes soldats, au bout de dix-sept ans, se sont retrouvés sous les mêmes chefs, comme s'il ne se fût rien passé dans l'intervalle.

Lorsque, vaincu dans la « grande guerre », Máximo Gómez s'était embarqué pour Saint-Domingue, son île natale (car ce libérateur n'est pas un Cubain), ou pour la Jamaïque, il s'en allait, lassé et dégoûté : « Si, dans la maison où je vais demeurer, disait-il, il y a une cour et un arbre, j'arracherai l'arbre, tant je suis excédé de la brousse et de ses hôtes, de la *manigua* et des *manigueros* [1] ! » Mais, serment d'ivrogne : et qui s'est battu se battra, puisque aussi bien le con-

[1] Eug.-Ant. Flores, *la Guerra de Cuba*, p. 452.

dottiere vit de la guerre et le révolutionnaire de la révolution. Un autre cabecilla des plus en vue, Calixto Garcia Iñiguez, avait bien accepté un emploi à la *Banque hypothécaire;* il était devenu quelque chose comme chef de bureau au Crédit foncier, mais il n'avait pas abjuré une syllabe de sa proclamation de 1880, avant *la Guerra chiquita :* « A la bataille, soldats ! L'indifférence est une lâcheté ; la gloire est dans une belle mort. Pour nous il n'y a ni repos, ni nuit, ni fatigue... A la bataille, soldats ! » De même Antonio Maceo, plantant du café, dans Costarica, se sentait toujours en communion avec les grands esprits de *Guacinton,* de *Laffayet* et de *Bolibar,* comme il disait en son patois nègre, et ces apôtres armés des deux Amériques, Washington, La Fayette et Bolivar, il les entretenait de son idéal, pris un peu bas, mais pieusement gardé : faire de Cuba une république sœur... de celle des États-Unis ? Non : mais de celle d'*Ayti* (Haïti) et de Saint-Domingue.

Ainsi les insurgés d'hier s'aidaient, et d'autres que le ciel, à New-York et dans les Antilles, les aidaient. Les autorités espagnoles à Cuba même ne les contrariaient pas, ne les contenaient pas beaucoup. Les gouverneurs généraux se suivaient et, à une ou deux exceptions près, se ressemblaient singulièrement en belle vaillance, en belle confiance et en belle insouciance andalouses... Les feux de la « grande guerre » n'étaient pas éteints que le général Blanco, successeur immédiat de Martinez Campos, taxait déjà de visions noires les craintes de son lieutenant Polavieja : de 1880 à 1890, cette disposition au sommeil gagna de plus en plus presque tous ceux qui auraient dû veiller. Le songe était parfois interrompu par la sonnerie du télégraphe, annonçant sur tel ou tel point de l'île un complot, un *motin*, une mutinerie, une promenade de brigands ; mais la *guardia civil* faisait le geste de son office, le *fiscal* le geste du sien ; on envoyait deux pauvres diables dans un *presidio* d'Afrique ; et le gouverneur général se rendormait, après avoir fumé une cigarette : en vérité cela n'allait pas mal !

A mesure qu'on s'éloigna de 1880, le palais du gouvernement à la Havane fut le lieu de la terre où l'on dormit le mieux. On y dormait, les portes larges ouvertes, dans l'heureux abandon de la nature tropicale ; quiconque passait pouvait entrer, s'asseoir, prendre un verre d'eau, écouter, si c'était l'heure de la causerie, la seule chose sacrée, après le sommeil; et, si c'était l'heure de la sieste, balancer mollement le hamac du gouverneur. Les insurgés d'hier, insurgés de demain, n'étaient pas les moins assidus : bien des fois ils bercèrent cet engourdissement qui leur profitait. Ce n'avait pas été une leçon perdue que la leçon donnée dans l'article premier du *Credo* maçonnique-séparatiste de Cuba: « Se rappeler premièrement : que nous devons capter les sympathies des péninsulaires par tous les moyens qui sont en notre pouvoir, leur procurant des bénéfices apparents, afin de leur occasionner les plus grands préjudices [1]. » Et, si l'aimable accueil était une politique, de la part des Espagnols, les révolutionnaires avaient tout de suite trouvé la contre-politique: un non moins aimable empressement. Par cet empressement ils se créaient en quelque sorte un *alibi :* et c'était pour l'insurrection prochaine tout profit, puisqu'ils voyaient et entendaient, et que, plus ils se montraient chez le gouverneur général, moins on s'inquiétait de les voir et de les entendre ; les murs du palais avaient des yeux et des oreilles, mais n'en avaient que d'un côté : oreilles tendues, yeux braqués d'ennemis irréconciliables, épiant le moment propice.

---

[1] D. J.-B. Casas, *la Guerra separatista de Cuba :* Appendices.

Cependant les gouverneurs généraux tombaient de l'optimisme dans l'aveuglement. Ce même général Salamanca, qui avait si amèrement dénoncé les « illusions » de Martinez Campos, autorisait le retour de Maceo à Cuba. L'indulgence est hors de saison quand, dans l'état de guerre sourde qui précède et qui suit l'état de guerre déclarée, elle peut être et quasi-fatalement elle doit être interprétée comme de la faiblesse. Salamanca mourut à temps pour n'en pas souffrir ; mais le général Chinchilla, qui le remplaça, ne tarda pas à s'en apercevoir. Un jour, Maceo vint lui présenter des « abonarés », des billets, remis à certains de ses compagnons, et lui en réclamer le paiement[1]. Comme le général élevait quelque difficulté, le cabecilla mulâtre le prit de si haut, s'emporta en de telles menaces, cria si fort qu'il avait 10.000 fantassins et 2.000 cavaliers prêts à se jeter dans la montagne, que le général, perdant patience, lui répondit : « Eh bien ! faites-le donc ; j'en serai ravi, parce que, moi, j'ai plaisir à me battre : vous me donnerez l'occasion de vous prendre et de vous fusiller ! » Des mots, ils allaient en venir

---

[1] G. Reparaz, *la Guerra de Cuba*. Sur la manière dont Maceo se serait procuré ces « abonarés », M. Reparaz raconte une histoire assez peu édifiante, dont nous lui laisserons la responsabilité.

aux mains, quand on les sépara, en priant Maceo
de se retirer.

Il n'en fut rien de plus : Maceo continua de pré-
sider des banquets, de prononcer des discours et
de promener à travers l'île son uniforme de major
général insurgé. Mais, ses 12.000 hommes ne
s'étant pas encore jetés dans la montagne, le général Chinchilla ne sévit point et continua de laisser
faire. En 1890, Polavieja, retournant à la Havane,
en qualité, cette fois, de gouverneur général,
avant même d'avoir touché le rivage cubain, par
arrêté signé à San Juan de Puerto Rico, expulsait
de nouveau Maceo, Crombet et d'autres. Eut-on
peur que la sévérité passât pour de la provocation ? Polavieja fut rappelé, et l'audace des révolutionnaires ne connut plus de limites : la propagande séparatiste se fit publiquement ; tout lui
devint une chaire : elle eut ses journaux jusqu'en
de toutes petites villes et ses sergents recruteurs
jusqu'en des recoins ignorés.

Ce qui, sous les gouvernements antérieurs, avait
été sommeil devint léthargie ou catalepsie ; ce qui,
sous le général Salamanca, avait été aveuglement,
sous le général Calleja, homme de confiance du
ministère Sagasta-Lopez Dominguez-Maura, devint
on ne sait quoi d'incroyable et d'innommable...

« Voulez-vous que je vous dise, demandait M. Romero Robledo, à la Chambre des députés, le 14 juillet 1896, qui a contribué à déchaîner la guerre ? C'est le général Calleja, qui a suivi une politique en vertu de laquelle on fermait les fenêtres de la capitainerie générale, lorsque passait devant le palais le parti de *l'Union constitutionnelle*, criant : Vive l'Espagne ! et on les rouvrait quand passaient des manifestations autonomistes, au cri de : *Viva Cuba libre !* Le général Calleja qui, étant en tournée dans l'île, recevait des cartes de visite timbrées de l'étoile solitaire ; qui, dans les provinces orientales, plaçait sa confiance en ce M. Yero, dont je viens de vous lire les lettres ; qui, si les commandants militaires de Holguin ou de Bayamo lui signalaient un mouvement, en informait le gouverneur civil, lequel en informait M. Yero, et M. Yero, par délégation d'autorité, se mettait à parcourir les villages et revenait dire au gouverneur civil qu'il n'y avait rien ! M. le général Calleja, qui avait pour médecin le Dr Antiga, supportant sans colère que ce médecin lui parlât de séparation, à lui gouverneur général, et lui faisant seulement promettre de ne point passer à l'insurrection, *tant que lui, général Calleja, serait à la Havane !* »

— Et après lui, général Calleja ? Après lui, le déluge : il en regardait placidement monter les eaux et écrivait à Madrid : Tout est calme !

Aussi, que faisait-on, à Madrid ? On y discutait des questions que l'on ne peut agiter que dans les temps très calmes : on s'y occupait de réformes pour Puerto Rico et Cuba. Les conservateurs avaient commencé, en 1891, avec M. Romero Robledo, qui désormais divisait l'île en six provinces, ayant chacune un gouverneur nommé par le ministre des colonies, rattaché à ce ministère, et par là placé à la fois sous l'autorité et hors de l'autorité du gouverneur général... Puis les libéraux étaient revenus, et cette espèce de surenchère de réformes qui, dans le régime parlementaire, paraît comme l'une des raisons d'être des partis, avait incontinent « sorti son plein effet ».

Il y avait alors dans le camp libéral un jeune avocat, de talent et bien apparenté, beau-frère de M. Gamazo, l'un des gros bonnets du parti, et qui s'appelait M. Maura. Depuis plusieurs années, il était désigné pour un ministère : pour lequel ? on n'en savait rien ; mais — ces choses-là ne se voient-elles qu'en Espagne ? — bon pour tous, on se flattait qu'il serait meilleur pour un, que ce fût d'ailleurs l'un ou l'autre. On lui donna les colonies qu'il ignorait ingénument : « Je suis, disait-il, un ministre en blanc, — *en blanco* [1] » ! Six mois après, il déposait un projet de loi qui bouleversait de fond en comble toute l'organisation de Cuba : il n'était plus le ministre en blanc, car les autonomistes avaient déteint sur lui. L'inspiration avait soufflé ; M. Gladstone lui était apparu ; et ce qu'il apportait aux Cubains, c'était, ni plus ni moins, une copie du *home rule.*

Il imaginait pour Cuba une Chambre, imitée du Conseil général du Canada, et l'île eût pris vis-à-vis de l'Espagne la position du Dominion vis-à-vis du Royaume-Uni, ou elle s'en fût beaucoup rapprochée. M. Sagasta, selon sa coutume, n'approuvait pas, ne désapprouvait pas, ne dirigeait pas, n'empêchait pas. Par indifférence et, tranchons le mot, par paresse. Les défauts des hommes publics sont publics comme ces hommes eux-mêmes : et « la paresse de Sagasta » est aussi proverbiale en Espagne que l'était « la mauvaise humeur, le *malhumor* de Cánovas ». Aux tournants d'histoire,

---

[1] En réimprimant ce chapitre, je donne bien volontiers acte aux libéraux espagnols et à M. Sanchez Guerra, député aux Cortès, qui, dans la *Revue politique et parlementaire* du 10 mars 1897, s'est fait leur porte-parole, que, par cette phrase demeurée fameuse, M. Maura voulait vanter son impartialité plutôt que confesser son ignorance des affaires coloniales. — C'est là, en effet, une justice qu'un homme, surtout quand il est ministre, ne se rend jamais à lui-même !

quand une nation a besoin d'être gouvernée, mieux vaut pour elle un homme d'État qui se fâche, qu'un homme d'État à qui tout est égal.

Tout est égal à M. Sagasta : il est, comme on l'a dit spirituellement, « la plus petite quantité possible de président du Conseil des ministres »; sa politique repose au moins sur un principe certain, qui est celui du moindre effort. Il ne s'agite pas, et ses collaborateurs ne le mènent point, sans doute; mais il ne les mène point non plus, et ils s'agitent et se mènent, à côté de lui, comme ils veulent. On l'a vu féliciter en même temps deux de ses amis, M. León y Castillo, qui soutenait une thèse, et M. Moret, qui soutenait la thèse contraire : il s'évitait ainsi la peine de choisir. Quoi d'étonnant que, dans une même présidence, il ait eu, sans en avoir une seule, trois politiques coloniales, suivant que son ministre des colonies s'est nommé M. Maura, M. Becerra ou M. Abarzuza ? M. Maura avait une politique cubaine. Précieux secours, qui dispensait M. Sagasta de travailler pour s'en faire une. Il fallut qu'on lui démontrât de vive force que cette politique compromettait les droits et les intérêts de l'Espagne. — En quoi surtout ? s'informa-t-il. — Par la Chambre coloniale qu'elle instituerait. — Eh bien ! transigeons; supprimons la Chambre, et gardons le reste du projet : il n'est pas plus mauvais qu'un autre.

Non seulement les questions du genre de celle-là sont de celles qui ne se peuvent poser qu'en des temps très calmes, mais elles ne peuvent aussi être posées qu'à la condition d'être résolues. Remuer des idées de réforme, c'est s'engager à faire une réforme, quelle qu'elle soit. Les conservateurs étaient, en cela, engagés comme les libéraux ; et, bien qu'il n'y eût rien de formel dans la capitulation du Zanjón [1], si ce n'est « la concession à l'île de Cuba des mêmes conditions politiques, organiques et administratives dont jouit l'île de Puerto Rico », ils avaient endossé de leur signature cette traite tirée sur l'Espagne. Affaire d'autant plus difficile à régler que ni le créancier ne savait ce qu'on lui devait ni le débiteur ce qu'il devait au juste. Mais, quoique vagues, il y avait des engagements contractés, et M. Cánovas del Castillo l'avait déclaré solennellement : « Ces engagements, il les remplirait, il espérait que la Chambre de 1878 d'abord, une autre ensuite, que la nation entière les tiendrait [2]. »

---

[1] Eug.-Ant. Flores, *la Guerra de Cuba*, p. 383.

[2] Cánovas del Castillo, *la Paz de Cuba*. Discurso del día 8 de Mayo de 1878, p. 89.

On transigea, par conséquent, sur le projet de M. Maura, que l'on amenda le plus qu'on put, l'élaguant de-ci et de-là, regagnant le terrain pied à pied. Et tandis que, dans les Cortès, on bataillait sur ce projet pour décider ce qui en resterait et quelle en était la portion congrue, à Cuba l'on s'impatientait. Entre les deux partis connus, *l'Union constitutionnelle*, et *le Parti autonomiste*, sous les auspices de M. Maura, un troisième parti se formait, qui s'intitulait *réformiste*. Il enlevait à l'Union constitutionnelle ses éléments les plus libéraux, empruntait au Parti autonomiste ses éléments les plus espagnols, en résumé affaiblissait à Cuba la cause de l'Espagne, criait : « Vive Maura ! » et ne réussissait pas à faire qu'on ne criât plus : « *Viva Cuba libre !* » — puisque le cri, le *grito*, a dans ce cas tant d'importance, — ni que l'Union constitutionnelle consentît aux réformes de M. Maura, ni que les autonomistes s'en contentassent. Il créait, c'était tout, une division de plus, dans un pays où il n'y avait déjà que trop de divisions. Les uns parce qu'elles accordaient trop, les autres parce qu'elles n'accordaient pas assez, ces réformes froissaient et irritaient tout le monde.

C'était, à Cuba même, le temps du général Calleja, qui s'en remettait à un révolutionnaire du soin de l'avertir des progrès de la révolution ; c'était, au Maroc, le temps des incidents de Melilla, où M. Sagasta, doublé du général Lopez Dominguez, suait sang et eau à mobiliser 40.000 hommes. L'Espagne, comme son gouverneur général, comme son président du Conseil, semblait hors d'état de faire un effort. La même incurie sévissait dans les choses militaires que dans les choses politiques. Cuba était dégarnie de troupes : elles n'avaient que de vieux remington et des canons de bronze ; les chemins étaient impraticables ; la ligne forte, la *trocha* de Morón au Jucaro, était démantelée, coupée en vingt endroits ; les impôts rentraient mal, les fonds du Trésor étaient bas ; au contraire, du côté cubain, les récoltes avaient été bonnes, il y avait de l'argent dans les caisses. Pendant que les gouverneurs généraux dormaient, la junte révolutionnaire de New-York avait agi. La loi Maura n'était pas promulguée, ses débris disjoints n'étaient pas recollés, que l'insurrection éclatait, formidable, balayant ceux qui n'avaient voulu ni voir ni entendre, le général Calleja d'abord, M. Sagasta ensuite (février-mars 1895).

Et la deuxième ou troisième guerre cubaine, au commencement de cette année, durait, se prolongeait et traînait depuis vingt-trois mois. On a dit qu'elle avait déjà usé deux méthodes, deux critériums, deux politiques, deux généraux. Pour la méthode, le critérium, la politique, on songeait, en le disant, à la retraite de M. Romero Robledo et à la transformation que, de ce fait, avait subie le ministère conservateur ; mais les personnes avaient pu changer sans que la politique fût changée, puisque, M. Romero Robledo étant parti et M. Castellano étant entré, il restait toujours M. Cánovas. Quant aux généraux, il était vrai que le maréchal Martinez Campos était revenu de la Havane et que le général Weyler était allé l'y relever ; il était peut-être vrai déjà que, si quelque victoire n'intervenait pas, il faudrait apaiser l'opinion effarée et qu'un autre, à son tour, irait relever Weyler.

Dure maîtresse que l'opinion ! Femme, comme la Fortune, et changeante comme elle ! C'était elle qui avait d'abord impérieusement désigné Martinez Campos pour le commandement de Cuba. Elle le voulait : elle avait failli s'irriter parce qu'on le lui faisait un peu attendre. Il s'était embarqué au milieu de l'enthousiasme populaire : tout le long de sa route, il avait reçu des députations et des fleurs ; jamais triomphateur n'était rentré dans la patrie sauvée, jamais le Cid dans Burgos, acclamé comme il le fut, sur la foi de son nom, avant la bataille. L'opinion se trompait, pour n'avoir pas su, — elle le sait rarement, — discerner les cir constances : Martinez Campos n'était pas l'homme des circonstances nouvelles.

Il s'embarquait, féru de l'excellence d'un système qui lui avait bien réussi en 1878, résolu à y recourir, convaincu que la bienveillance viendrait à bout de tout, qu'il suffirait de négocier, d'attirer, d'apprivoiser ; disposé à s'y employer coûte que coûte, incliné aux concessions, persuadé, enfin, lui brave entre les braves, que la meilleure manière de faire la guerre était de ne pas la faire. Mais, s'il faut être deux pour se battre, il faut

encore, quand on est deux, être deux pour ne pas
se battre. En 1878, lorsque le système du maréchal lui avait si bien réussi, la guerre durait depuis dix ans ; les insurgés en étaient las. En 1895,
la guerre commençait ; les insurgés étaient tout
frais, dans la plénitude d'une force et d'une ardeur
renouvelées par dix-sept ans de préparation. Aux
proclamations d'amnistie et aux appels à la con-
corde, la révolution ne répondait que par des
mouvements offensifs : elle débordait, elle se
répandait sur toute l'île, la traversait dans toute
sa longueur, croisait ses marches, entourait le
maréchal, le pressait, le serrait de jour en jour.
Lui, néanmoins, avec sa rectitude militaire, il
suivait sa ligne : il assemblait au palais, pour les
consulter, les juntes directrices des partis, et il
échouait à les mettre d'accord entre eux, comme
à les mettre d'accord avec lui-même. L'Espagne
ne comprenait pas. Tiré de là-bas, poussé d'ici, ne
reconnaissant plus Cuba, Martinez Campos ne put
se décider qu'à donner sa démission, à se faire
rappeler dans son pays, qui ne le reconnaissait
plus.

On envoya, pour réparer le temps perdu, à la
place de ce négociateur, de ce pacificateur quand
même, le général de tous les généraux espagnols

réputé le moins pacificateur et le moins négociateur, le général Weyler, marquis de Ténérife.
Celui-là ne publierait pas de décrets d'amnistie et
ne ferait pas la guerre avec des grâces ; on contait
de lui, dans ses campagnes de Catalogne, des traits
d'une énergie farouche, allant jusqu'à la cruauté ;
quelques-uns vraiment terribles et qui font passer
le frisson que l'on ressent à lire, dans le récit
glacé d'un Machiavel, les exploits d'un César
Borgia. Je ne jurerais pas que ce n'est pas au
général Weyler que pensait M. Cánovas del Castillo quand il disait *qu'on ne fait pas la politique
avec des anges.* — Et après tout, dans le paradis
même, un des anges brandit une épée flamboyante.
— L'épée du général Weyler flamboyait devant
lui : sa renommée le précédait à Cuba, où, du
reste, il avait opéré jadis. L'opinion, qui avait
fêté le départ de Martinez Campos, fêta pareillement le départ de Weyler. Puis huit mois, dix
mois s'écoulèrent. Le général ne bougeait pas, et
l'Espagne recommençait à s'étonner ; dès qu'elle
s'étonne, elle n'est pas loin de s'indigner ; si le
saint ne fait pas des miracles sur commande, elle
brise la statue du saint ; et avec combien plus de
colère, lorsqu'elle s'est résignée à demander ces
miracles au diable ! Sollicité, supplié de sortir, le

gouverneur général répondait, d'un style quelque peu théâtral : « Attendez ! le général Weyler n'est pas encore arrivé ! » Mais, aux yeux de tous, il était là ; il y était trop. Des histoires couraient : que la Havane avait ses délices de Capoue, que Samson avait rencontré Dalila, qu'il avait failli tomber dans le piège. La vérité était bien plus simple : il pleuvait.

Il pleuvait. Le général Weyler ne marchait pas, parce que personne n'eût pu marcher. La guerre était comme suspendue ; de temps en temps seulement, une surprise ou une escarmouche ; partout, les colonnes immobilisées attendaient, l'eau à la ceinture, dans leurs baraquements inondés, la fin de la saison des pluies. Et les pluies, qui auraient dû cesser vers octobre, ne finissaient pas.

— On ne saurait juger d'une guerre à Cuba comme d'une autre guerre. Les expéditions militaires y sont ce qu'elles ne sont nulle part ailleurs, si ce n'est peut-être à Madagascar. A Cuba aussi, les pires ennemis, ce sont la fièvre et la forêt. L'île est allongée de l'ouest à l'est, comme un grand poisson, dont une chaîne de montagnes presque continue figurerait la grosse arête, avec des chaînes latérales ou transversales figurant des arêtes plus petites ; sur les bords, des marais ;

entre deux, la *manigua*, la brousse, ou la prairie. La fièvre habite les côtes, et la forêt, l'espace compris entre le marais et la montagne ; la prairie est épaisse et haute, impénétrable autant que la forêt. Il faut, ici, retourner le mot fameux : le cheval ne passe plus où l'herbe a repoussé. La nature elle-même est insurgée. Il n'y a guère de routes que les sentiers qui escaladent la montagne, ou coupent, d'un fil facile à perdre, le marais, la prairie et la brousse. Quelquefois tout sentier s'efface ; on est réduit, pour se guider, aux procédés des *rastreadores* et des *baqueanos :* suivre une trace d'homme ou d'animal, observer les plantes, les feuilles, le sable, la terre, les gouttes d'eau ou de rosée, mâcher et goûter les racines et, si elles sont humides, en déduire la proximité d'un fleuve ou d'un lac ; considérer le vol des oiseaux, d'où ils viennent, dans quelle direction ils vont : s'ils volent droit devant eux, à tire-d'aile, une troupe s'avance ; s'ils tournoient en cercle, il y a un campement, des gens cachés, ou des cadavres.

Ce n'est plus la guerre, telle qu'on l'enseigne dans les Académies et telle qu'on l'apprend des maîtres. La marche, la halte, le combat ne sont nulle part ailleurs ce qu'ils sont à Cuba ; une bonne part du génie, chez le capitaine, ce sont des sens d'Indien. Dans la marche, dans la halte, dans le combat, l'œil et l'oreille doivent être perpétuellement dressés. Sous le soleil qui darde, du matin à midi, et de midi au soir, sous l'eau qui ruisselle, c'est donner beaucoup, et risquer la mort, que de faire cinq ou six kilomètres, le coutelas ou la serpe, le *machete*, à la main, rompant les lianes du genou, s'embarrassant et glissant à chaque pas, harcelé d'insectes, percé d'épines, enfonçant souvent en une boue si gluante et si tenace que le soulier y reste. L'étape achevée, s'arrêter à la lisière d'un bois, les sens plus que jamais en éveil, car tout arbre est suspect, tout fossé perfide ; n'avoir à manger que ce que l'on porte et ce que l'on trouve ; n'avoir pour dormir, — ceux qui, épuisés, peuvent dormir, à la garde de ceux qui, non moins épuisés, sont obligés de se tenir debout, — n'avoir pour se coucher que la terre trempée, dans des vêtements trempés ; car, le moyen de faire passer des convois là où l'homme ne passe qu'en rampant comme une bête ? telle est la vie, tel est le sacrifice des soldats et des chefs tous les jours, durant de longs jours... Quand on apprit, en 1878, à Martinez Campos la ratification du pacte du Zanjón par les insurgés : « Pepe, dit-il, joyeux, au colonel March, vous nous donnerez à déjeuner ! » Il y avait quarante-huit heures qu'il n'avait mangé[1]...

L'ennemi, lui non plus, ne ressemble à aucun autre ennemi. Ailleurs les Européens n'ont affaire qu'à des civilisés ou à des barbares : ici, à des civilisés et à des barbares ensemble. Ils sont là, embusqués derrière un rocher ou tapis dans les herbes, à portée de l'unique piste par où il faut que les Espagnols passent ; ils visent à loisir, tirent et s'enfuient. La poudre fume encore qu'ils sont déjà loin. Ou bien : *al machete !* leurs cavaliers se ruent avec des cris épouvantables, qui à eux seuls paralysent de malheureux conscrits, sur la troupe formée en carré ; ils frappent, taillent, hachent, et tournent bride au galop. Ou, tout à coup, une barrière, un mur de flammes environne le bivouac, à une centaine de mètres de distance. La prairie brûle ! comme dans les romans de Cooper. Une rage muette, un énervement s'empare du soldat, de savoir qu'à toute minute un danger l'entoure, et de ne pas le voir. Être partout et n'être nulle part, gênants, tracassants et insaisissables, c'est la tactique des révolutionnaires qui tirent admirablement parti de leurs auxiliaires

____

[1] Eug.-Ant. Flores, *la Guerra de Cuba*, p. 388.

naturels, la fièvre, la forêt, la faim, l'anémie ; et, si ce sont de grands généraux à leur service que ces invisibles tueurs d'Européens, leurs généraux de chair et d'os, un Maceo, un Calixto Garcia, un Máximo Gómez ne sont pourtant pas à négliger.

Maceo ne compte plus. Tué, blessé ou disparu, — tué, car on l'aurait revu, — il est mort pour l'insurrection, le mulâtre obstiné que tant de fois faussement on avait dit mort qu'il semblait ne pas pouvoir mourir. Il connaissait son île en ses plis et replis : l'orient pour y avoir, plus jeune, conduit ses mules ; le centre et l'occident, pour y avoir couru de nombreuses chevauchées. Ignorant et d'esprit borné, n'ayant qu'une seule idée, mais l'ayant bien, par cela même qu'il n'en avait qu'une ; tenant de sa race le crâne opaque et dur ; non dédaigneux de l'argent, à l'occasion, mais capable aussi, à l'occasion, d'un certain genre de désintéressement ; ambitieux, vaniteux, avide de briller ou de reluire, amoureux de gloire et de galon [1], hanté par des ombres illustres de libérateurs-dictateurs blancs et noirs ; opiniâtre, résistant, accoutumé à la misère, retournant sans regret, comme par atavisme, à la vie vagabonde, dépouillant,

[1] Eug.-Ant. Flores, *la Guerra de Cuba*, p. 303-394, 415 et suiv., 464. — Cf. Reparaz, p. 75.

sans souffrance, des besoins acquis depuis peu ; médiocre général, assurément, et stratégiste d'impulsion ou d'instinct, mais chef craint ou aimé, obéi ; mulâtre en qui mulâtres et nègres se miraient, s'admiraient, se vengeaient de dédains mal dissimulés chez les autres chefs, il pouvait être pour l'Espagne un adversaire irréductible.

Plus instruit, plus ouvert d'esprit que Maceo, d'une nature et de manières plus fines, fécond en ruses, vrai *condottiere* des pays équatoriaux, Máximo Gómez restait pour le général Weyler, Maceo même annihilé, un partenaire non indigne. C'est Máximo Gómez qui a inventé, qui a importé de Saint-Domingue, où il en fit l'apprentissage, cette guerre sans batailles, cette guerre en lacet, en zigzags, en crochets, cette guerre de pointes poussées et retirées, cette guerre lente et comme croupissante, qui use les hommes. Il est, ce que Maceo n'a jamais été, un calculateur ; et le plan qu'il suit est réellement un plan. Vaillant, d'ailleurs, et, si le calcul l'exige, téméraire, avec quelque chose de plus voulu, de plus conscient, de plus « cultivé » qu'en Maceo ; d'une énergie qui ne redoute pas d'être comparée à celle de Weyler lui-même. « Quand je sus, racontait-il posément, en 1878, à l'aide de camp de Mar-

tinez Campos, que votre général relâchait les prisonniers, je donnai l'ordre à des troupes, sur qui
je pouvais compter, de guetter ceux de mes partisans que je supposais tentés de se rendre, pour
les mettre à mort, et de laisser leurs corps sur place.
Puis je fis passer ma colonne par là, et je dis aux
miens : « Voilà les *douceurs* que Martinez Campos
réserve aux insurgés qui se rendent !... » Une autre
fois, racontait-il encore, dans un campement, après
avoir fait sonner le couvre-feu, il entendit que
quelqu'un parlait. C'était un officier, il le répri-
manda, et, comme l'officier continuait, pour troisième avertissement, il lui tira un coup de revolver
et le tua [1].

La guerre de Saint-Domingue, la Guerre de
Dix Ans, trente mois de la présente guerre l'ont
habitué aux privations : s'il est avide ou ambitieux,
il peut n'en désirer que davantage prendre une
revanche de 1878. Mais il est blanc et n'exerce
pas sur les gens de couleur l'espèce de fascination
qu'exerçait Maceo ; il n'est pas Cubain, et les
Cubains le traitent toujours un peu en étranger ;
quoique robuste et alerte encore, il a soixante-
cinq ans (tandis que Maceo n'en avait que cinquante-
deux) ; et, quoiqu'il n'ait pu résister à l'envie de

<hr>

[1] Eug.-Ant. Flores, *la Guerra de Cuba*, p. 366-367.

revoir, en révolutionnaire impénitent, la *mani-gua* et les *manigueros*, peut-être un jour le désir aussi lui reviendra-t-il de retourner à Saint-Domingue, demeurer dans une maison, et dans une maison où il n'y ait ni une cour ni un arbre. S'il s'en allait, Antonio Maceo mort, Calixto Garcia ne le remplacerait pas plus que l'ancien président de la république cubaine, Tomas Estrada Palma, n'a pu remplacer ce José Marti, qui fut, à New-York, la tête de l'insurrection; pas plus que Rius Rivera n'a remplacé Maceo. Ni Collazo (qui, disait-on, était en fuite), ni Rábi, ni le Polonais Roloff, s'il était libre, ni le nègre Quintin Banderas, s'il était vivant, ne seraient de taille à le remplacer.

D'autre part, dès que les pluies ont eu cessé, le général Weyler a fait de la besogne. L'île de Cuba est partagée en trois tronçons par les deux *trochas* militaires ou lignes fortifiées ; vers l'ouest, de Mariel à la baie de Majana ; vers l'est, de Morón au Jucaro. Avant que la campagne de la saison dernière recommençât, Máximo Gómez était maintenu dans la partie orientale, dans les provinces de Santiago de Cuba et de Puerto-Principe, par la seconde de ces *trochas*, et Maceo, dans la partie occidentale, dans Pinar del Rio, par la première. Dans les provinces centrales, dans Santa-Clara, Matanzas et la Havane, il n'y avait que des bandes relativement faibles, et sans cohésion entre elles. Le général Weyler assurait qu'il avait nettoyé Pinar del Rio, qu'on n'y trouverait plus 500 insurgés : il s'était retourné vers l'est avec toutes ses forces, et, si Máximo Gómez eût franchi la *trocha* de Morón au Jucaro, s'il fût entré dans les provinces centrales, si même il eût opéré sa jonction avec Calixto Garcia, peut-être eût-ce été l'occasion d'un grand coup ; et peut-être eût-on enfin terminé par une bataille cette guerre, qui n'a paru interminable que parce que, jusqu'à présent, il ne s'y est pas livré une seule bataille, et que l'armée espagnole, une armée de 220.000 hommes, n'a jamais étreint que le vide.

V

Quand donc cette guerre finira-t-elle ? Le patriotisme, en Espagne, devait être, et il a été à la hauteur de tous les événements. Il n'aurait pas une défaillance, quels que les événements dussent devenir. Déjà, en 1878, il avait fait la stupéfaction des Cubains : « D'où l'Espagne tire-t-elle tant de soldats, demandaient-ils, pour les envoyer à Cuba ? Les mères espagnoles ne se lassent-elles pas de mettre des fils au monde pour qu'ils viennent mourir ici de maladie ou sous le couteau des *mambises* [1] ? » Non, sans doute, l'on ne peut pas répondre que les mères espagnoles ne se lassent point. — *Bella, detestata matribus.* — Dans ces chansons que l'on vend à la porte des cafés populaires il y a toujours un couplet attendri, et c'est toujours la lamentation d'une mère :

[1] Eug.-Ant. Flores, *la Guerra de Cuba*, p. 80.

Sur la jetée de la Corogne — une triste mère pleurait — et avec des mots d'amertume — elle maudissait son malheur.

Des pleurs plein les yeux — la pauvre femme regardait — à travers l'immense mer — un vaisseau qui s'éloignait.

Je lui demandai ce qu'elle avait — et elle me dit en soupirant : — « Comment voulez-vous que je ne pleure pas ? — puisqu'on m'emmène mon enfant

A lutter contre les rebelles — et que ce qui doit arriver, — c'est que, le fils de mes entrailles, — je ne puisse plus l'embrasser jamais [1] ! »

Mais toujours aussi, et dans toutes les chansons, par-dessus les sanglots des mères, s'élève un chœur de voix viriles :

> Mort à l'insurrection,
> Et vive Cuba espagnole !

Le sentiment espagnol a fait des merveilles, dont celle ci est la moins merveilleuse que l'Espagne ait tiré d'elle-même 220.000 hommes pour les envoyer à Cuba. La ferme et claire volonté de M. Cánovas del Castillo avait passé en elle : elle avait condensé les volontés éparses, précisé les volontés flottantes de la nation, leur avait tracé une ligne, leur avait donné une forme et un corps.

---

[1] *Soldados para Cuba, Bonitas cancionès dedicadas al valiente ejercito español. Primera parte.*

M. Cánovas avait eu le bonheur de rencontrer un ministre de la guerre, le général Azcarraga, laborieux, ordonné, doué à un point éminent des qualités de l'organisateur : et cette armée, qui n'avait que de vieux canons et de vieux fusils, a reçu, devant l'ennemi, en pleine guerre, un armement nouveau. Par les soins de ce ministre et du ministre de la marine, 220.000 hommes ont pu être transportés à quinze cents lieues de la péninsule, et — ce n'est pas de cela que l'Espagne est la moins fière — rien que sur des navires espagnols.

Mais il y a plus merveilleux encore : ce n'est pas que des veines de l'Espagne le patriotisme ait pu faire sortir un flot de sang généreux, ni même lui donner un emploi utile et réglé, l'emploi nécessaire, dans l'instant nécessaire : mais c'est qu'il en a fait sortir un flot d'argent. M. Cánovas savait où il frappait, lorsque, trouvant, à l'extérieur, les bourses closes, il a frappé au cœur de son pays. Il avait besoin de 400 millions ; il en demandait 250 ; on lui en a apporté près de 600. Et les gens de finance peuvent bien donner de ce fait toutes les explications et faire, à ce sujet, toutes les réserves qu'ils voudront. Les banques ont souscrit ; les chambres de commerce ont souscrit ; les riches ont souscrit ; les petits bourgeois ont sous-

crit; conservateurs libéraux, républicains, carlistes
ont souscrit; les évêques ont offert le trésor des
églises... Si ce qui fait une nation, c'est de penser
d'une commune pensée et d'agir d'une commune
action, nous qui avons vu ce spectacle, nous avons
senti s'enlever d'un élan puissant l'âme vivante
d'une grande nation.

« La nation espagnole lutte et luttera, disait
M. Cánovas en son nom; elle n'est pas maîtresse
des destinées de la guerre, qui sont toujours entre
les mains de Dieu. Il décidera, Lui qui décide en
dernier ressort des défaites comme des victoires.
Mais n'avoir plus d'espérance, le peuple espagnol!
Ah! si cela était certain, de terribles obligations
s'imposeraient au gouvernement, qui, mis dans le
cas de les remplir, les devrait remplir, en dépit
de leurs conséquences [1]. »

Toutefois, M. Cánovas del Castillo n'ignorait pas
que ni le sang ni l'argent ne peuvent couler des
veines de la nation, indéfiniment, sans qu'elles se
tarissent. Ni le gouvernement espagnol, ni le
peuple espagnol ne voulaient la guerre pour la
guerre : ils appelaient de tous leurs vœux cette
paix, qui doit être une paix civile. Cuba ne reven-

---

[1] Discours de M. Cánovas au Sénat, dans la séance du
1er juillet 1896.

diquait-elle que des franchises? reconnaissait-elle la souveraineté de l'Espagne? demeurait-elle attachée, comme colonie, à l'Espagne, comme métropole? Si oui, vingt-trois décrets étaient rédigés, qui lui donneraient ces franchises et qui seraient publiés, comme l'étaient déjà dix décrets pour Puerto Rico, dès que les rebelles ne pourraient plus se vanter de les avoir arrachés par la force à l'Espagne, battue et humiliée. C'était tout ce que voulait M. Cánovas, et c'est encore tout ce que veut l'Espagne. Elle veut trancher elle-même, à elle seule, souverainement, la question de Cuba : elle veut que cette question reste d'ordre intérieur et ne soit pas, par l'intervention d'un tiers, transférée dans l'ordre international... Mais Cuba est si près des États-Unis, et les États-Unis sont si prompts à prendre la tutelle de tout le Nouveau Monde qu'un autre aspect du problème cubain se découvre, sous lequel il mérite d'être non moins sérieusement examiné.

CHAPITRE II

LA POLITIQUE DE L'UNION

I

Dans le Message qu'il adressait au Congrès, le
7 décembre 1896, et que les États-Unis, les
insurgés cubains, l'Espagne et l'Europe entière
attendaient impatiemment, le Président sortant de
la grande république américaine, M. Cleveland,
s'exprimait en ces termes, pesés et mesurés [1] :
« L'île de Cuba est si près de nous qu'à peine est-
elle séparée de notre territoire. Notre intérêt pécuniaire engagé dans l'île occupe le second rang,
vient immédiatement après celui du gouvernement
et du peuple espagnols [2]. En outre, les États-Unis se

[1] D'après le long résumé télégraphié à *El Imparcial* et reproduit par *la Época* du mercredi 9 décembre 1896.

[2] « On calcule, sur des bases certaines, que les capitalistes
américains ont, pour le moins, de 30 à 50 millions de dollars
employés en plantations, chemins de fer, exploitations minières
et autres entreprises à Cuba. Le mouvement commercial entre
les États-Unis et Cuba qui, en 1889, représentait environ 74 millions de dollars, s'éleva, en 1893, à près de 163 millions, et
en 1894, un an avant qu'éclatât l'insurrection actuelle, atteignait
encore 96 millions de dollars. » — *Message de M. Cleveland.*

trouvent inévitablement impliqués dans la lutte, soit par les vexations, soit par les dommages matériels qu'ils ont à souffrir. »

Et le Président développait tout au long ces motifs. Il y a, aux États-Unis, des Cubains réfugiés qui intriguent, conspirent, s'agitent, excitent l'opinion publique contre l'Espagne. Il y a, à Cuba, des Cubains renégats qui ont acquis la nationalité américaine, mais ne s'en mêlent pas moins, au contraire, ne s'en mêlent que davantage des affaires de Cuba et, sous le couvert de leur nouvelle patrie, combattent l'ancienne plus librement. Il y a, un peu partout, dans les États confédérés, « des éléments turbulents et aventureux » qui ne cachent pas leurs sympathies pour la révolution et qui ne demandent qu'à les lui témoigner d'une façon très active. De là, des embarras, des occasions de conflit et aussi des occasions de dépenses, car il faut entretenir une police vigilante à l'intérieur et sur les côtes, pour empêcher, autant qu'il est possible, le recrutement et le départ d'expéditions de flibustiers. Tout cela coûte, et, de la sorte, les États-Unis, intéressés à Cuba dans les affaires cubaines, y sont, de plus, directement ou indirectement, mais matériellement, pécuniairement intéressés aux États-Unis mêmes.

Intérêt géographique, intérêt politique, intérêt financier, intérêt commercial, pour toutes ces raisons donc et pour leur propre paix, les États-Unis, selon M. Cleveland, ont besoin que Cuba soit en paix; et pour toutes ces raisons, si l'Espagne à elle seule ne réussissait pas bientôt à rétablir la paix dans l'île, le président Cleveland offrait amicalement ses bons offices, laissant d'ailleurs entendre qu'à la tranquillité et à la prospérité de Cuba, comme, par surcroît, au bien de l'humanité en général, les États-Unis attachent tant de prix que, le cas échéant, ces bons offices les mèneraient assez loin.

Les relations géographiques des États-Unis et de Cuba apparaissent, en effet, évidentes, nécessaires, dès que l'on regarde une carte. L'île est jetée en forme d'accolade entre l'extrême pointe de la Floride et l'extrême pointe du Yucatan; elle est comme l'arche principale du pont qui relierait l'Amérique septentrionale aux Amériques centrale et méridionale. Il ne s'en faut que d'un détroit qu'elle appuie au continent son cap de San Antonio : non loin de là finit le Texas, ancienne province espagnole devenue, après 1845, un des États de l'Union. Géographiquement, l'île de Cuba se trouve ainsi, — c'est un fait de physique terrestre, — dans la sphère d'attraction des États-Unis : sphère d'attraction qui s'étend à mesure que la masse augmente.

Et ce n'est pas tout. Avant que, par sa proclamation du 1er janvier 1863, Abraham Lincoln eût aboli la servitude, un autre lien, un lien social, s'il est permis d'appeler ainsi l'esclavage, unissait Cuba, île à esclaves, aux États à esclaves du Sud de la Confédération, créant de l'une aux autres une espèce de solidarité, les constituant en une espèce de syndicat pour résister et aux idées d'affranchissement qui venaient des États du Nord et aux mêmes idées qui, d'Espagne, commençaient à se frayer un courant à travers l'Atlantique. Mais, ce lien même ayant été rompu ou tranché, sur le sol américain d'abord, et, ensuite, sur le sol cubain, tous les liens pourtant n'en sont pas rompus ou tranchés du coup ; et une contiguïté historique et politique résulte, comme il est naturel, de la contiguïté géographique.

Il fut un temps où les États-Unis et l'Espagne se touchaient sur une frontière bien plus longue. En ce temps-là, l'Espagne était encore une grande puissance américaine, la plus grande de toutes, et les États-Unis naissaient comme puissance américaine de premier ordre. Dès qu'ils se rencontrèrent face à face, il fallut marquer les positions : et c'est à quoi voulut pourvoir le traité signé à l'Escurial le 27 octobre 1795 [1].

Si ce traité était, ainsi que beaucoup d'autres, un instrument caduc, on n'en parlerait pas ici ; mais, des vingt-trois articles dont il se compose, il en est au moins un, l'article 7, qui, après un siècle, a gardé toute sa force et toute sa vigueur. Les Espagnols d'aujourd'hui ne le citent point sans indignation : « De ceci, disent-ils, il n'y a pas d'exemple, que l'on sache, dans l'histoire diplomatique ; une pareille clause n'a pu sortir que de l'imagination étrange, prodigieuse, monstrueuse, *portentoso*, de l'homme d'État, *del esta-dista* Godoy... C'est le fameux article qui vaut à l'Espagne tant d'humiliations [2] ! »

Plus simplement, M. Cánovas del Castillo le déclarait à la Chambre des députés [3] : le traité de 1795, et en particulier son article 7, domine les rapports de l'Espagne avec les États-Unis à Cuba.

[1] Traité d'amitié, limites et navigation entre Sa Majesté Catholique et les États-Unis d'Amérique, signé à San-Lorenzo-el-Real (à l'Escurial), le 27 octobre 1795, par don Manuel de Godoy, pour l'Espagne, et M. Thomas Pickney, pour les États-Unis.

[2] Don Juan-Bautista Casas, *la Guerra separatista de Cuba*, Appendices, p. 481.

[3] Discours prononcé au Congrès des députés le mardi 7 juillet 1896, en réponse à M. Francisco Silvela.

Il les domine, parce qu'il stipule, pour les Espagnols aux États-Unis comme pour les Américains dans les colonies espagnoles, — mais ceux-ci sont dans le cas d'en user infiniment plus que ceux-là, et le traité tourne tout à l'avantage des États-Unis, — que les deux puissances ne recourront pas, en ce qui concerne les actes punissables de leurs sujets ou citoyens, à des tribunaux exceptionnels.

A cet article 7 du traité de 1795 se rattache le non moins fameux et non moins maudit protocole de 1877, qui fit scandale quand les journaux de Madrid, vers la fin de mars 1896, en révélèrent au public l'existence ignorée pendant près de vingt ans [1]. Il précisait les droits ou les privilèges des citoyens américains en Espagne, dans les îles adjacentes, dans les possessions d'outre-mer, et ne mentionnait même plus de réciprocité au bénéfice des sujets espagnols dans les États et territoires de l'Union. Négocié en pleine guerre cubaine, il visait tout spécialement Cuba, les affaires cubaines, et la part qu'y prendraient, que devaient presque fatalement y prendre des citoyens américains.

Il était là-dessus clair et net. Accusé « de sédi-

____

[1] *El Tiempo*, *El Siglo futuro*, du 26 mars 1896. — Voy. D. Juan-Bautista Casas, *la Guerra separatista de Cuba*, Appendices, p. 484.

tion, d'infidélité, ou de complot contre les institutions, contre la sécurité publique, contre l'intégrité du territoire, contre le gouvernement suprême, ou de tout autre crime que ce soit », aucun citoyen américain ne pourrait être soumis à aucun tribunal exceptionnel, à moins qu'il ne fût arrêté les armes à la main [1]. Et ce n'est ni plus ni moins, remarquent amèrement les Espagnols, qu'une prime à l'insurrection ; c'est la liberté de travailler à détruire la souveraineté de l'Espagne accordée aux citoyens américains, d'origine ancienne ou d'adoption récente. Veut-on conspirer à peu près à l'aise, dans une sécurité et avec une impunité relatives, il n'y a que deux précautions à observer, dont la première est d'acquérir, au préalable, la naturalisation américaine, et la seconde de ne pas porter personnellement les armes : moyennant quoi l'on peut tout dire, tout faire et tout faire faire ; on ne tombera jamais que sous la juridiction, bénigne en comparaison de la cour martiale, des tribunaux ordinaires. Quand

[1] Protocole de 1877, entre les États-Unis d'Amérique et l'Espagne, signé par D. Fernando Calderón Collantes et M. Caleb Cushing (Voy. D. Juan-Bautista Casas, *la Guerra separatista de Cuba*, Appendices, p. 484). Les Espagnols eux-mêmes font, d'ailleurs, l'éloge de M. Caleb Cushing. Voy. dans *la Época*, du 3 décembre 1896, le travail qui a pour titre : *La intervención juzgada por la diplomacia americana*.

l'autorité espagnole se présentera, si elle l'ose, on l'apaisera en mettant sous ses yeux un papier au timbre des États-Unis : *Civis romanus ego sum !* En fait, c'est ainsi que les choses se passent, et l'exemple en abonde. Que de citoyens américains se découvrent chaque jour à Cuba, qui n'y vinrent point du nord et portent un nom aussi peu anglo-saxon que *Ruiz* ou *Sanguily !*

Quoi qu'il en soit, et tant que subsistent le traité de 1795 et le protocole de 1877, tous deux joints règlent officiellement, diplomatiquement, les rapports de l'Espagne et des États-Unis[1], en tout endroit du globe où, sur un pouce de terre espagnole, il peut y avoir un citoyen américain. « Traité d'amitié, limites et navigation », ainsi se qualifie le texte de 1795, autrement dit : traité de bon voisinage. Mais les Américains de 1895 ne sont plus tout à fait les mêmes que ceux de 1795, et nombre de citoyens américains ont une façon d'entendre et de pratiquer le voisinage qui rendent la navigation suspecte, les limites incertaines, et l'amitié un peu difficile.

---

[1] Réponse de don Antonio Cánovas del Castillo au discours de don Francisco Silvela, à la Chambre des députés, dans la discussion du Message, séance du mardi 7 juillet 1896.

II

L'Espagne a le malheur que Cuba soit trop près des États-Unis, beaucoup trop au centre de leur sphère d'attraction. On sait que les Américains du Nord sont, comme par un don exprès, des géographes et des physiciens avisés : ils calculent longtemps à l'avance la chute des corps et la chute des étoiles, et ils tendent, pour les recevoir, d'un bras infatigable, le pavillon américain. Ce n'est pas hier, c'est en 1823, que M. Adams, alors secrétaire d'État, écrivait : « Il y a des lois de gravitation politique autant que de gravitation physique ; et, si une pomme détachée par la tempête de l'arbre qui l'a produite ne peut que tomber à terre en vertu de la loi de gravité, ainsi Cuba, séparée par la force de sa propre connexion avec l'Espagne et incapable de se maintenir à elle seule, ne peut que graviter vers l'Union nord-américaine, laquelle, suivant la même loi de la nature, ne peut la rejeter de son sein[1]. »

Mais, personne n'étant le maître de l'heure, s'il est des gens qui l'attendent avec une patience plus ou moins commandée, il en est aussi qui veulent l'avancer; s'il en est qui se contentent de ne pas quitter des yeux la pomme et de ne point souffrir qu'un passant la cueille, il en est de plus pressés, qui ne craignent pas de secouer le pommier. Il ne manque point, aux États-Unis, de gens pressés ; et, comme il y en a beaucoup dans le peuple, il s'en trouve quelques-uns jusque dans les Chambres. Le pouvoir exécutif, la diplomatie les contiennent et retiennent autant qu'ils peuvent ; non pas que le fruit leur semble méprisable, mais parce qu'ils savent mieux les inconvénients d'un mouvement trop brusque en matière de relations internationales. Et de là deux directions, deux partis, presque deux politiques vis-à-vis de l'Espagne au sujet de Cuba : une politique populaire, et une politique officielle ; une politique selon les règles, dans les formes, et une politique en dehors des règles et des formes, une politique à côté ; la politique de M. Cleveland et de M. Olney, correcte, réservée, légale, responsable, et une poli-

---

[1] Note de M. Adams à M. Nelson, du 28 avril 1823.

tique compromettante, envahissante, illégale, irresponsable, à la Cecil Rhodes ou à la Jameson.

Elles, non plus, ces deux politiques ne datent pas d'hier. On les distingue dès le premier moment où les États-Unis se sont aperçus que Cuba n'était qu'à une demi-journée de la Floride. Dès 1810 ou 1812, dès le commencement de ce siècle, avant que M. Adams ait fait à la plus vaste et à la plus riche des Antilles une savante application des lois de la gravitation physique, bien des bras se lèvent et s'étendent pour secouer l'arbre, bien des bouches soufflent pour enfler la tempête. Quand la franc-maçonnerie est importée à Cuba, d'où vient-elle ? Des États-Unis, de Philadelphie. Quel objet se propose, en s'en taisant à peine, la loge si fréquentée et si agissante des *Racionales Caballeros* ? L'indépendance des Amériques ; entendez leur indépendance vis-à-vis de toute nation européenne. Des diplomates même s'y prêtent complaisamment[1]. Car, si la diplomatie de l'Union, prise dans son ensemble et comme institution, suit une ligne sage et prudente, cela n'empêche pas que de temps en temps elle n'ait, à cause des conditions particulières de son recrutement, des agents extraordinaires.

---

[1] Comme certain ministre des États-Unis à Mexico. — Voy. D. Carlos de Sedano, *Cuba, Estudios politicos*, p. 7 et 8.

Mais la maçonnerie ne fait que préparer les voies, et bientôt on en vient aux insurrections, expéditions, coups de main. Où en est le point de départ et le point d'appui ? Où les rebelles ont-ils leur arsenal, leur base d'opérations, leur place de refuge ? Où trouvent-ils des hommes, des armes, de l'argent ? Aux États-Unis. Quand parle-t-on sérieusement d'enlever Cuba, et qui en parle ? Tel ou tel général américain échauffé par le succès de la campagne du Mexique, en 1846, et désireux d'employer au retour l'ardeur de ses régiments de volontaires. Qui veut se servir du célèbre publiciste cubain José-Antonio Saco, et lui offre, en 1848, 10.000 pesos pour fonder à New-York un journal qui prêchera la révolte, la guerre contre l'Espagne, l'invasion et l'annexion de Cuba ? Des citoyens américains. Lorsqu'un transfuge de l'armée espagnole, le maréchal de camp don Narciso López, se présenta, en mai 1850, devant la ville de Cárdenas, à la tête d'une petite troupe, de qui était composée cette troupe ? En grande partie d'Américains ; et, l'entreprise manquée, où se retira-t-il ? En territoire américain, sur cet écueil de Key-West, que les Espagnols appellent par adaptation Cayo-Hueso, un des rochers qui prolongent la Floride et la projettent en quelque manière vers Cuba.

Repoussé en 1850, mais encouragé, d'autre part, dans sa tentative, Narciso López revint à la charge en 1851. Durant l'année qui s'était écoulée, des feuilles volantes, des brochures et des journaux avaient été répandus à profusion parmi la population cubaine : où avaient-ils été imprimés ? Aux États-Unis. Pour cette seconde expédition comme pour la première, d'où Narciso López avait-il tiré les hommes, les armes et l'argent ? Des États-Unis et surtout de New-York et de la Nouvelle-Orléans. Le vapeur qui l'avait apporté avait passé d'abord pour un navire de la marine de guerre américaine.

Défait à la bataille de las Pozas, non sans avoir pu se croire un instant victorieux, López fut obligé de fuir, et des 500 soldats improvisés avec lesquels il avait eu l'audace d'attaquer une île défendue par 20 ou 30.000 combattants, pas un ne réussit à s'échapper. Cinquante d'entre eux, arrêtés tandis qu'ils essayaient de se sauver sur des chaloupes, étaient des citoyens américains, des jeunes gens dont quelques-uns appartenaient aux meilleures familles. Ils furent exécutés le 15 août. López lui-même, qui s'était caché dans la brousse, fut pris, condamné à mort, et fusillé le 1ᵉʳ septembre.

L'opinion publique aux États-Unis en était

pourtant très surexcitée ; en peu de jours, le général américain Houston levait une nouvelle expédition, et celle-là de 5.000 hommes, qui ne partit point, parce que, sur les entrefaites, on apprit la fin tragique de López et de ses compagnons. Le gouvernement de l'Union envoya à la Havane le commodore Parker, en le chargeant d'y faire une enquête et de soutenir ses réclamations. Le capitaine général, don José de la Concha, le reçut courtoisement, mais ne lui permit d'accomplir aucun acte qui pût paraître une immixtion des États-Unis dans une affaire relevant uniquement de la souveraineté de l'Espagne sur Cuba ; en fin de compte, le Président s'en remit à la clémence de la reine Isabelle, pour ceux des prisonniers à qui la vie avait été épargnée. La reine, en effet, pardonna ; et des 500 partisans de Narciso López, 176 revirent leur pays.

Mais il y avait désormais du sang entre les États-Unis et l'Espagne ; du sang américain, versé à Cuba et pour Cuba par les Espagnols. Et la politique populaire, qui ignore les règles, les formes, les procédures, qui se soucie peu du droit des gens et, en général, du droit, n'en devint que plus nerveuse, plus fiévreuse, plus enflammée, plus affamée. Le ressentiment et la colère furent si vifs dans les États du sud de l'Union que peu s'en fallut que, par une sorte d'application aveugle de la loi de Lynch, la populace de la ville de Mobila ne massacrât les naufragés d'un brigantin espagnol jeté à la côte [1].

Cependant à New-York, dès lors érigée en centre de propagande, la junte révolutionnaire cubaine poussait habilement et hâtivement ses travaux, *sus trabajos*, disent les Espagnols qui, de même, disent de ceux qui s'y livrent : les travailleurs, *los laborantes*. Cubains et Américains conjurés, on travaillait donc contre l'Espagne, sans relâche, aux États-Unis. Les avis ne différaient que sur le plan de campagne : seraient-ce les Cubains qui s'insurgeraient encore, aidés par des citoyens de l'Union, à titre pour ainsi dire privé ? ou bien valait-il mieux que, se laissant porter aux passions déchaînées, ce fussent les États du Sud qui intervinssent ouvertement, à titre public et national ? Après de longues discussions, on reconnut pour chef de la future expédition le général nord-américain Quitman, un des officiers qui, au retour de la guerre du Texas, voulaient mettre, en passant, la main sur Cuba.

De la demeure qu'il s'était choisie à portée de

[1] Voy. D. Carlos de Sedano, *Cuba, Estudios politicos*, p. 58.

son terrain, dans l'État du Mississipi, Quitman, bien fourni de ressources par d'abondantes souscriptions, surveillait les préparatifs et ne négligeait pas d'entretenir, parmi les Cubains mêmes, des discordes et des troubles qui lui devaient profiter. L'homme qui avait appréhendé au corps López battu et fugitif était, un soir, à la Havane, au café de *Mars et Bellone*, lorsqu'un coup de feu tiré à travers les jalousies lui troua la poitrine et le tua net. Ce fut comme un signal, comme un réveil. Mais trop de gens étaient dans le secret. Les juntes révolutionnaires de New-York et de Cuba étaient novices encore en cet art dangereux des conspirations et n'en avaient pas assez médité la première maxime, ainsi formulée par les maîtres : « Ne te confie qu'à des amis sûrs ; et des amis sûrs il se peut que tu en trouves un, ou deux : mais, si tu vas plus loin que deux, il est impossible que tu les trouves [1]. » Une tête ou deux, trois au plus ; le reste doit être l'instrument dont on se sert et qui ignore.

Pour correspondre avec Quitman, les conjurés cubains avaient recours à un certain Rodriguez, ancien détenu au *presidio* de Ceuta, où plusieurs

---

[1] Machiavel, Discours sur la première décade de Tite-Live, chap. *des Conjurations*.

avaient été jadis envoyés comme prisonniers politiques et où ils l'avaient rencontré. C'est ce Rodriguez qui allait et venait de Cuba aux États-Unis,
portant les lettres, rapportant les réponses, et si
instruit de tout que, quand il fut dénoncé au gouverneur espagnol le complot prêt à éclater, il lui
remit les noms, les adresses et les preuves. Les
Cubains les plus compromis, Ramon Pintó et
Estrampes, payèrent de leur vie leur imprudence
et la trahison de Rodriguez. Le capitaine général
enrôla, arma, exerça d'urgence des bataillons de
volontaires. Si Quitman s'était présenté, il eût
trouvé qui l'eût reçu. Mais, averti à temps que son
projet était découvert, il ne se présenta point. Ce
n'étaient pourtant ni les hommes qui lui manquaient, puisqu'il en avait réuni 4.000, décidés à
le suivre ; ni le matériel de guerre, puisque ses
commandes étaient faites ; ni l'argent, puisqu'il
avait en caisse plus de 5 millions de francs.

On ne veut pas refaire une à une l'histoire des
conspirations de Cuba ; tout ce qu'on en veut dire,
c'est que, depuis un demi-siècle, l'île a bien des
fois essayé de renverser la domination espagnole,
et que, pas une fois, le concours, l'assistance effec-
tive, la sympathie se traduisant en actes, sinon
des États-Unis, au moins de certaines classes de

citoyens américains, ne lui ont été refusés. Les échecs répétés des généraux López, Houston et Quitman, n'ont pas lassé de les imiter ; et lorsque, dans la suite, ces conspirations, grandissant, se sont changées en insurrections formidables et en luttes interminables, partout et toujours le bras levé des Cubains a été visiblement ou invisiblement soutenu par quelque main américaine.

Faut-il rappeler, vers la fin de la Guerre de Dix Ans, la capture, sous pavillon américain, du *Virginius*, plein d'insurgés et chargé de munitions [1] ?

[1] Le ministre des États-Unis à Madrid était alors le général Sickles, dont M. Emilio Castelar traçait naguère ce plaisant portrait : « J'ai connu peu d'hommes d'État plus munis d'instruction politique que Sickles. Il savait sur le bout du doigt les commentaires classiques de la Constitution américaine. Quant aux traditions, il alléguait toutes celles imaginables ; et si, pour sa cause, il n'en trouvait pas sous la main, il en imaginait avec une enviable fertilité d'esprit. Il nous comblait de son amitié et nous accablait de ses bons offices. Mais, tout de suite après, il se disait chargé : 1° de proposer l'indépendance cubaine ; 2° d'imposer à Cuba le rachat à prix d'or de son union historique avec l'Espagne, hypothèque donnée pour le paiement sur la valeur de toutes les propriétés publiques et les recettes des douanes ; 3° de ménager une trêve ou un armistice entre les belligérants (on était en pleine Guerre de Dix Ans), jusqu'à la solution du conflit. » C'est ce même M. Sickles qui, interrogé par le général Prim, qui voulait en finir, sur le prix que les États-Unis donneraient de Cuba et Puerto Rico, répondit tranquillement : « Cent cinquante millions de duros », et, — ajoute D. Em. Castelar, — « s'en alla, tout serein, comme s'il emportait les deux Antilles dans son gousset, entre son cœur et sa montre ». Puis, quand il vit que Prim n'acceptait pas : « Il n'y a, écrivait-il dans chacune de ses dépêches, rien à faire avec ces gens-là. » — Voyez *El Liberal*, du 17 janvier 1897.

Faut-il montrer la junte révolutionnaire cubaine devenue à New-York une institution permanente et, pour ainsi dire, reconnue ; et, grâce à la complicité latente du milieu, José Marti organisant, de là-bas, la nouvelle campagne ? Et, durant la présente guerre, qui ne connaît les exploits du *Laurada*, du *Three Friends*, du *Bermuda* et autres ? Dans le budget de l'insurrection, si les comptes publiés sont dignes de foi, pour combien les États-Unis entrent-ils au chapitre des recettes ? Pour plus de la moitié du total. Où se tiennent contre l'Espagne des meetings furieux, où déchire-t-on et brûle-t-on le drapeau espagnol ? Où le général Weyler a-t-il été pendu en effigie ? Où parle-t-on de former pour Cuba et d'y débarquer des bandes de *cowboys* ? Où est le rendez-vous des « enfants perdus » de toutes les nations qui viennent chercher dans la révolution cubaine une position sociale ? N'est-ce pas aux États-Unis ? Mais ces « enfants perdus », qui les accueille ? qui forme et équipe ces bandes ? qui a pendu en effigie Weyler ? qui brûle le drapeau espagnol ? qui vocifère contre l'Espagne ? Ceux qui, depuis 1820, pressés de voir tomber la pomme, — comme disait M. Adams, — ont attaché au grand arbre de Cuba une corde qu'ils tirent de Key-West et de

New-York. Leur politique, si c'en est une, c'est ce que nous avons appelé la politique populaire, par opposition à la politique officielle. C'est elle, aigrie, exaspérée par un demi-siècle d'efforts jusqu'ici inutiles ; mais c'est elle, suivie, identique à elle-même, obstinée et tenace, et comme serrant Cuba d'une prise qui ne veut pas lâcher.

III

Le gouvernement fédéral n'y peut rien : ou, ce qu'il y pouvait, il n'a pas négligé de le faire. Il a empêché que ses troupes, revenant du Mexique, ne tentassent une descente dans l'île ; il a laissé passer, dans l'affaire des compagnons de López, la dure justice de la guerre ; il a, sous le Président Pierce et le secrétaire d'État Marcy, licencié l'expédition de Quitman ; il a jadis réglé à l'amiable l'incident du *Virginius ;* il a tout récemment repoussé de son *veto* les motions trop inconsidérées, par où la politique populaire se faisait jour dans le Congrès, et qui proposaient de reconnaître : les unes, l'indépendance de Cuba, et les autres, du moins la belligérance aux Cubains ; il a donné au *Laurada* l'ordre de ne pas faire à Valence un voyage qui passerait en Espagne pour une provocation ; il a cité devant les tribunaux les armateurs et le commandant du *Three Friends* ; il a soumis à une surveillance qui a paru sévère les bâtiments soupçonnés de *flibusterie*. Les lois ne lui permettaient guère d'aller au delà.

M. Cánovas le proclamait hautement : ni de l'ancien Président, M. Cleveland, ni de son secrétaire d'État, M. Olney, ni de leur ministre à Madrid, M. Hannis Taylor, il n'a jamais eu à se plaindre : avec eux et en eux a continué la tradition parfaitement correcte, selon les règles et dans les formes, de la politique officielle de l'Union ; tradition fondée depuis que le département américain des affaires étrangères a été amené à s'occuper de Cuba. Mais, de ce que cette politique officielle observe les règles et les formes, de ce qu'elle est plus discrète que l'autre, il ne résulte à aucun degré que le gouvernement des États-Unis n'ait point une politique cubaine ; il en a une assurément, et qui, moins bruyante en ses manifestations, moins violente en ses actes, n'est pas moins ferme en ses desseins ni moins persévérante en ses démarches.

Comme la politique populaire, elle repose sur la loi, tenue pour certaine, de M. Adams : à savoir que Cuba est un corps qui ne peut manquer, quand il tombera, de tomber dans l'Union américaine qui, de son côté, ne peut manquer de le recevoir. Comme la politique populaire, elle estime que cela est écrit, que cela est nécessaire, que cela arrivera tôt ou tard et, comme elle, elle aimerait sans doute mieux que ce fût plus tôt que plus tard. Comme la politique populaire, elle ne demanderait peut-être qu'à avancer l'heure ; seulement elle connaît ses obligations, et, tandis que le peuple parle de brusquer et de prendre, elle ne parle que de traiter et d'acheter.

Mais, comme voilà soixante-dix ans que la politique populaire rêve de prendre, voilà soixante-dix ans aussi que la politique officielle songe à acheter. Pour cette démocratie qui s'est, dès l'origine, constituée sur le plan d'une vaste maison de commerce, et en qui, par la suite des temps, ce caractère s'est encore accusé, réalisant vraiment dans le Nouveau Monde, à la face de l'Ancien qui ne l'avait jamais vu, le type du gouvernement industriel, et le réalisant à ce point que les hommes d'État n'y semblent être souvent que des patrons actifs et entendus, et les affaires, — en tout bien, tout honneur, — que des affaires ; pour la démocratie américaine le parti a été bientôt pris en ce qui concerne Cuba, et, une fois pris, le gouvernement de l'Union s'y est attaché avec cette obstination tranquille qui, dans les opérations à long terme, est une des conditions du succès. L'affaire cubaine aussitôt aperçue, aussitôt conçue, a été — n'est-ce pas le mot ? — établie : frais, tant ; risques, tant ; bénéfices, tant.

« L'île de Cuba, écrivait M. Adams lui-même, Cuba, qui se voit presque de nos plages, en est arrivée à être pour les intérêts de l'Union américaine, soit commerciaux, soit politiques, un objet d'une importance transcendante et si grande qu'un jour viendra probablement où *l'annexion de Cuba à notre république fédérale sera indispensable pour le maintien et l'intégrité de cette Union.* » En ses considérants, M. Adams visait la situation de Cuba par rapport au golfe du Mexique et aux mers occidentales ; l'ouverture et la sûreté du port de la Havane vis-à-vis d'une longue ligne de côtes américaines, dépourvues d'un tel avantage ; la population de l'île ; la nature de ses productions et de ses besoins, ce qu'elle donnait et ce qu'elle consommait, ce qu'elle pourrait exporter et ce qu'elle devrait importer, d'où naîtrait infailliblement un trafic à profits énormes. Le tout évalué en argent, à la même date de 1823, par un autre ministre des États-Unis, M. Appleton, recettes et dépenses balancées, à un excédent de 1.500.000 *pesos fuertes*, chiffre excessif, mais qui n'en faisait paraître l'affaire que meilleure. Coûte que coûte, et de préférence coûtant le moins possible, on y devait entrer, mais comment ? Le plus simple n'était-il pas que l'Union se fît le banquier de l'Espagne et lui prêtât son concours financier, en prenant bonne et valable hypothèque sur les revenus de Cuba, par exemple sur la douane de la Havane ? — ce qui aurait pour effet utile d'écarter les deux seuls compétiteurs qui fussent à craindre dans les Antilles, l'Angleterre et la France.

Et le premier article du programme devenait : agir en sorte que, jusqu'à ce que l'heure arrive, l'heure marquée, Cuba demeure en la possession de l'Espagne et que nulle autre puissance européenne, ni la Grande-Bretagne, ni la France, ne vienne se substituer à elle, afin que cette heure, qui doit sonner un jour, n'en soit point retardée. Le second article était : tâcher, par un coup de pouce adroitement donné, de faire gagner un tour à l'aiguille, sur le cadran mystérieux des destinées. Ne rien précipiter, mais ne rien garantir ; ne pas favoriser dans le Nouveau Monde, alors en éruption, les révolutions contre l'Espagne, mais avertir que, si l'incendie gagnait Cuba et Puerto Rico, à leur fortune était si intimement liée la prospérité des États-Unis qu'ils n'en pourraient rester les spectateurs indifférents, et que cela créerait à leur gouvernement « des devoirs et des obligations dont il ne pourrait, quelque regret qu'il en eût, éluder l'accomplissement [1] ». En même temps dénoncer les menées suspectes des autres, de cette Angleterre insatiable, qui traîtreusement envoyait une frégate à Cuba pour relever l'état des défenses de l'île et s'enquérir des dispositions de ses habitants : sourire des yeux et menacer des dents ; inquiéter de la voix et engager du geste ; fermer le poing et laisser reluire de beaux dollars entre les doigts ; telle est, dès 1823, dans les notes de M. Adams et M. Nelson, et dès 1825, dans les notes de M. Clay à M. Everett, la politique de l'Union quant à la question cubaine, et telle elle continue d'être jusqu'aux environs de 1848.

En 1848, on la retrouve dans une dépêche célèbre du secrétaire d'État M. Buchanan à M. Saunders ; elle n'a pas changé, elle s'est précisée : on a suivi l'affaire, et l'on serait maintenant disposé à conclure. Une espèce de devis a été dressé par les statisticiens compétents. En 1830, il n'y avait de mis en valeur dans l'île qu'un douzième,

[1] Note de M. Clay à M. Everett, d'avril 1825. — Sedano, p. 11.

et, en 1842, qu'un huitième à peine des terres cultivables. Mieux menée, l'exploitation de Cuba fournirait à elle seule toute l'Europe de sucre et de café.

« Sous l'administration des États-Unis, Cuba ne saurait manquer d'être l'île la plus fertile et la plus riche du monde entier. » Elle n'avait qu'un million d'habitants ; elle en pourrait contenir dix millions : « Si Cuba faisait partie des États-Unis, il serait difficile de calculer la quantité de grains, farines, riz, coton et autres produits de l'agriculture, comme aussi de l'industrie, de bois et de divers articles qui s'ouvriraient un marché dans cette île, en échange de son café, de son sucre, de son tabac, etc. Ses productions iraient en augmentant, à mesure qu'augmenterait sa population, et le développement de ses ressources tournerait au bénéfice de tous les États de l'Union. » Cuba est sur le point de s'insurger, M. Buchanan en est informé ; les rebelles ont même demandé au gouvernement de l'Union de les soutenir avec quelques régiments de volontaires ; et il va sans dire que le gouvernement a refusé : « Si désirée que soit par les États-Unis la possession de l'île, nous ne voulons la tenir que de la libre volonté de l'Espagne. Toute acquisition qui ne serait pas sanctionnée par la justice et l'honneur serait toujours payée trop cher. » Mais ne pourrait-on pas s'entendre ? et l'Espagne répugnerait-elle absolument, — incertaine, comme elle l'est de la conserver longtemps et, d'autre part, gênée en ses finances, — à céder l'île contre une équitable, pleine et préalable indemnité ?

— Dans le cas où le cabinet de Madrid accepterait sur Cuba une conversation, comptons bien. Que devons-nous offrir ? « Pour fixer la somme, il est important de vérifier : 1° quel est le revenu liquide qu'en retire à présent le Trésor de la métropole ? 2° et à combien montera cette rente, également liquide, pour les États-Unis, dans l'état actuel de Cuba ? » En 1837, on parlait de 9 millions de duros ; en 1844, de 10 millions et demi ; depuis 1844, le département américain des affaires étrangères n'a pas de renseignements dignes de foi. Pourtant il lui est revenu que « la Trésorerie de Madrid n'a jamais reçu plus de 2 millions de duros. » M. Buchanan a cherché à savoir où allait le surplus ; on lui a répondu : « A défrayer le gouvernement colonial ; à payer les troupes et à entretenir les vaisseaux de guerre nécessaires pour la défense et la sécurité de Cuba. » Si donc l'Espagne inclinait à céder ses droits sur

Cuba aux États-Unis, comme ce serait autant de moins qu'elle aurait à porter au budget de ses dépenses civiles, militaires et navales, tout examiné et délibéré, « il semble que la somme de 50 millions de duros serait une ample indemnité pécuniaire à l'Espagne pour la perte de sa colonie ».

Voilà faites des offres réelles. Au besoin, le Président autoriserait à aller jusqu'à 100 millions de pesos ; mais lui et son secrétaire d'État attendent de leur ministre à Madrid « les plus grands efforts pour acheter au meilleur marché possible ». M. Buchanan estime que le moment n'est pas mauvais, et il charge M. Saunders de cette mission ou commission délicate. Il lui prodigue les conseils. Le ministre procédera avec une extrême prudence. Dans une première entrevue il se bornera à tâter le terrain. Qu'il n'écrive pas ; il est toujours grave d'écrire, ici particulièrement : les gouvernements espagnols se succèdent trop vite, les indiscrétions sont faciles. Ces ouvertures doivent être confidentielles : voyez, s'il en transpirait quelque chose, l'effet d'une interpellation aux Cortès ! M. Saunders ira, par conséquent, trouver le ministre d'État espagnol, et lui démontrera d'abord que Cuba est profondément troublée, que la révolution y couve, que les Anglais y intriguent, et que, de toutes façons, l'Espagne va perdre sa colonie. M. Buchanan se doute bien de l'objection qu'on lui fera. Mais quoi! Napoléon, au faîte de sa puissance et de sa gloire, Napoléon lui-même n'a-t-il pas cédé la Louisiane? L'Espagne peut donc, sans se diminuer, céder à l'Union l'île de Cuba. Tout justement, dans le cas où l'on traiterait, ce seraient les conventions du 30 avril 1803, pour la vente et l'achat de la Louisiane, qui serviraient de modèle, amendées légèrement en deux ou trois clauses.

Pénétré de ces instructions, et muni des pleins pouvoirs de son gouvernement, M. Saunders entreprit la démarche, au mois de juillet 1848. La cour d'Espagne était à la Granja, et le portefeuille des affaires étrangères venait de passer du duc de Sotomayor à M. Pidal, dans le ministère présidé par le général Narvaez. C'est par le général que M. Saunders résolut de commencer l'attaque, espérant arriver par lui à la reine mère, Christine, dont l'influence sur les affaires cubaines était très grande, à cause des intérêts considérables qu'elle avait dans l'île. Narvaez était fin et se tenait sur ses gardes. Il fut d'une politesse exquise, n'écouta pas M. Saunders, et le renvoya à

M. Pidal, qui avait toute sa confiance. Le ministre des États-Unis, s'il eût été le maître, n'eût peut-être pas poussé plus loin : « Pour l'instant, assurait-il à son chef, la meilleure politique, en ce qui touche Cuba, serait de n'en faire aucune. » Mais l'ordre revenait, impératif. M. Saunders se présenta chez le ministre d'État espagnol, qui, dans cette audience du moins, semble avoir été assez faible. Seulement, ce que redoutait M. Buchanan se produisit en effet : ses intentions furent ébruitées et, dès lors, tout était manqué. La presse de Madrid jeta feu et flammes. L'énergie de M. Pidal s'y réchauffa, et quand M. Saunders, qui eût préféré se taire, voulut ajouter un mot, ce fut l'honneur castillan qui lui répondit par la bouche du ministre d'État : « Là-dessus, je ne puis rien entendre ; que Cuba s'abîme plutôt dans l'Océan ! accoure une vague qui l'engloutisse, plutôt que nous ne cédions l'île à une autre puissance ! » M. Saunders n'avait plus qu'une chose à faire ; il la fit, et donna aussitôt sa démission.

Le gouvernement fédéral s'en consola, et ne se déconcerta pas. Quelques années durant, il temporisa, retenant ses agents trop zélés, leur disant : Attendez, le fruit n'est pas mûr encore ; essayant de donner à croire que, s'il avait proposé d'acheter

Cuba, c'était sans grande envie que l'Espagne acceptât, — pour causer[1].

Toutefois, lorsque M. Soulé vint occuper le poste de ministre des États-Unis à Madrid, en septembre 1853, il n'y apportait pas seulement des paroles en l'air ; et, derrière ses insinuations, il y avait la somme ronde de 200 millions de pesos. Le prix montait ; preuve évidente que l'Union ne renonçait pas à ses projets sur l'île. Mais M. Soulé n'était guère l'homme qui convenait à une négociation exigeant tant de souplesse et de tact. Il l'était si peu qu'on se demande si, en le nommant, le gouvernement fédéral n'avait pas eu pour but de marquer ainsi son mécontentement, de faire sentir à l'Espagne une main menaçante, et d'exercer sur elle comme une pression indirecte ; si on ne l'avait pas désigné, contrairement à tous les usages, et, quoi que la reine et ses ministres pussent en penser, au titre, non point de *persona grata*, mais bien de *persona ingratissima*.

Si tel était, en vérité, le but du Président américain et de son secrétaire d'État, ils se trompaient gravement sur ce qu'est l'Espagne ; et, si leur but n'était pas tel, ils se trompaient du tout au tout

---

[1] Instructions remises par M. Marcy à M. Soulé, du 23 juillet 1853. — Sedano, p. 128.

sur ce qu'était M. Soulé. Nous avons dit que la politique officielle de l'Union, correcte et attachée aux formes, avait, quand même, employé quelquefois de singuliers instruments, et que cette diplomatie selon les règles s'était faite, quelquefois, au moyen de diplomates très irréguliers : il est probable que de tous M. Pierre Soulé fut le plus singulier et le plus irrégulier. Français d'origine, ses opinions politiques exaltées l'avaient contraint à s'exiler de France ; et, après avoir mené une vie errante, qui nulle part ne s'était assagie, il avait fini par atterrir et se fixer à la Louisiane, où il avait, comme avocat, conquis une juste réputation. Il avait sans peine obtenu la naturalisation américaine, et il était à un si haut degré convaincu de la dignité qu'elle lui conférait que, sur toutes ses lettres, sa signature est suivie de ce seul titre : « Citoyen des États-Unis ». Devenu Américain, il était allé représenter au Sénat, dans le Congrès fédéral, son pays d'adoption ; son éloquence, intempérante, exubérante, un peu déclamatoire, son esprit absolu, tranchant, cassant, un peu fantasque, l'y avaient mis hors de pair, en vedette ; ses défauts le servant autant et plus que ses qualités, il s'était dessiné, dans une assemblée où de tout temps ont abondé les physionomies originales, une physionomie plus originale que les autres. C'était lui qui jadis avait défendu López, après l'invasion de Cárdenas ; c'était lui qui ne cessait de reprocher au Président Fillmore de n'avoir pas déclaré la guerre à l'Espagne pour venger les cinquante citoyens de l'Union fusillés ; c'était lui qui, le 25 janvier 1853, — moins de trois mois avant sa nomination à Madrid, — avait prononcé au Sénat un discours d'une violence inouïe, dans lequel il s'étonnait que le Sénat ne pressât pas le gouvernement de cueillir à l'arbre la pomme de Cuba.

— Flibusterie ! dira-t-on. Qui le dira ? L'Angleterre qui, en 1740, a été à deux doigts de « flibuster » Cuba ? L'Espagne qui, récemment, n'a été retenue que malgré elle de « flibuster » les provinces de l'Équateur ? Les États-Unis eux-mêmes ? « J'ai peur qu'il n'y ait eu quelque chose de flibustier en ce général américain, qui, en 1812, interprétant par l'équivoque les instructions que lui avait données M. Monroe, alors secrétaire d'État, s'empara de vive force de l'île Amelia et de Pensacola ; qu'il n'y en ait eu jusque dans M. Monroe, qui, tout en désapprouvant le fait de l'attentat, conseilla que l'on conservât le point usurpé, pour pouvoir faire un arrangement amiable avec l'Espagne ! »

Et M. Soulé continuait : « Flibustier Hamilton, et flibustier aussi le général Andrew Jackson ; flibustiers ceux qui, en 1819, en 1820, en 1821, plus tard en 1836, voulurent aller émanciper — et annexer — le Mexique ! »

Oh ! M. Soulé ne demandait pas, — il avait la verve trop riche et le verbe trop rapide pour ne pas se contredire un peu ; mais que lui faisait une contradiction ? — il ne demandait pas que l'on arrachât Cuba à l'Espagne, en violation des préceptes du droit des gens. Et néanmoins il demandait qu'on en finît avec cette éternelle question cubaine. Or comment en finir ? A l'achat de l'île on ne pouvait pas penser. C'était une idée à abandonner. « Quiconque connaît le moins du monde la hautaine susceptibilité de l'orgueil castillan ne saurait se mettre en tête d'aborder ce sujet épineux sous forme de *duros* et de *centavos*, de francs et de centimes. » Comment donc s'y prendre pour avoir Cuba, sans l'acheter ? Comment donc prendre Cuba, sans violer le droit des gens ? Il y a des guerres légales, concluait M. Pierre Soulé, et de celles-là sont les guerres qu'une nation est moralement obligée d'entreprendre pour sa propre conservation.

Entre les États-Unis et l'Espagne, pour la conservation des États-Unis par l'annexion de Cuba, il voyait venir une de ces guerres justes, légales, qui sont, non pas une violation, mais comme une sanction du droit des gens ; et sur l'issue de cette guerre, M. Soulé était tranquille. Avec quel superbe dédain il relevait la phrase de M. Pidal à M. Saunders : « En vain, s'écriait-il, l'Espagne souhaiterait-elle que l'île fût submergée par l'océan plutôt que de la savoir aux mains d'une autre puissance. Si l'ouragan se déchaînait, l'île flotterait encore sur les eaux et se rirait des vagues agitées, cependant que dans la tempête disparaîtrait la souveraineté espagnole. Lorsque le temps sera venu, et les assauts de la mer, ni les forteresses de l'Espagne, ni ses canons, ni ses garrots, ni les édits de ses Gallien ne la sauveront de nos puissantes serres. » Le 6 août 1853, moins de trois mois après ce discours, — le rapprochement des dates est édifiant, — M. Soulé était nommé envoyé extraordinaire et ministre plénipotentiaire de la république des États-Unis en Espagne.

Il ne partit pas discrètement, comme partent, à l'habitude, les diplomates. Il accepta des banquets et des sérénades ; il écouta des toasts et y répondit, à Washington et à New-York. Et si, à Washington, il eut soin de dire : « Ma mission est, sans aucun doute, de conciliation et de justice » ; s'il y adressa un salut aux gloires anciennes, si même il reconnut et rappela les vertus présentes de l'Espagne, huit jours après, à New-York, bien que les termes en fussent adoucis et voilés encore, le vieux langage et la vieille pensée, le fond du vieil homme reparut. Plus de 5.000 personnes avaient défilé sous les fenêtres de l'hôtel où logeait M. Soulé, en une de ces processions bruyantes dans lesquelles l'esprit public aime là-bas à se manifester ; et, parmi ces 5.000 personnes, la junte révolutionnaire cubaine, les membres de l'ordre de l'*Étoile solitaire* et de beaucoup d'autres associations.

Le drapeau américain marchait en tête, suivi d'une quantité de bannières, d'oriflammes et de transparents : on y voyait, peints ou brodés, M. Soulé lui-même, le Président Pierce, López et Critenden, un des citoyens de l'Union exécutés à Ataràs, Cuba, la Jeune Amérique et Cuba, avec diverses inscriptions déclarant que *Cuba serait arrachée des griffes du loup espagnol.* Mais ce qui dominait, c'était l'étoile symbolique, l'étoile de Cuba ; on l'avait mise partout : c'était elle qui inspirait décorateurs et orateurs. Le secrétaire du

Comité annexionniste cubain, don Miguel Tolón, terminait ainsi sa harangue : « Que Dieu daigne tracer de son doigt la route au bâteau qui va vous conduire, et faire briller sur votre front les rayons d'une nouvelle étoile dans le ciel de la Jeune Amérique ! »

A quoi M. Pierre Soulé, ne se contenant plus que malaisément, répliqua : « Il n'est pas possible de croire que cette puissante nation puisse rester plus longtemps enchaînée dans les étroites limites qui circonscrivent la jeune république américaine... Je ne vois dans ma mission rien d'incompatible avec mes ardentes sympathies pour ceux qui souffrent, avec leurs espérances en un avenir meilleur et leurs vœux fervents pour la liberté. Je ne dois point vous parler longuement de cette mission, mais je dois vous dire qu'un ministre américain ne cesse jamais d'être citoyen américain, et que, comme tel, il a le droit de prêter l'oreille aux cris d'angoisse que jettent les peuples opprimés... » M. Soulé ajouta « de l'ancien continent », mais la foule voulait comprendre et comprit : « du Nouveau Monde ».

Dieu, de son doigt, daigna tracer la route au navire qui emportait ce ministre américain plus que jamais citoyen américain : vers la fin de l'été

M. Pierre Soulé était à Madrid, ayant pu, pendant le voyage, méditer les instructions de M. Marcy :

« Il peut se faire que vous trouviez l'Espagne disposée à envisager l'avenir d'un œil prudent, pour prévenir de la sorte un événement inévitable. Elle ne peut pas ne pas voir que, dans une période pas très lointaine, Cuba se délivrera ou sera délivrée de sa présente sujétion coloniale. Ces liens se trancheront de quelque façon que ce soit. En vue de la forte probabilité, pour ne pas dire de la certitude, d'un pareil événement, l'Espagne pourrait, d'une manière conciliable avec son honneur national et avantageuse pour ses intérêts, anticiper et donner naissance à une nation indépendante, de sa propre race, et avec laquelle elle aurait des relations commerciales aussi profitables que celles auxquelles elle l'oblige par une annexion que soutient et prolonge la force... Les États-Unis seraient cordialement en faveur de cette séparation volontaire, et, s'il le fallait, *y contribueraient de grand cœur par quelque chose de plus substantiel que leur bonne volonté.* »

Comme suite à ces instructions, arrivaient, le 25 avril 1854, les pleins pouvoirs du Président, autorisant M. Soulé « à négocier avec le gouvernement de Sa Majesté Catholique la cession aux

États-Unis de l'île de Cuba ». Mais le ministre américain était, en ce moment, de fort méchante humeur : il avait été froidement reçu à la cour et dans la société de Madrid, ainsi qu'on peut bien le supposer. Les premiers mois de son séjour n'avaient pas arrangé les choses, soit par sa faute, soit par celle des circonstances, qui tendaient de plus en plus les rapports entre les deux pays. Il dut convenir qu'il n'avait aucun moyen d'entamer la négociation si ardue qu'on lui recommandait, qu'au moindre mot sur ce chapitre toutes les portes et toutes les oreilles se fermeraient, et que rien de sérieux ne pouvait être fait. Au reste, s'agissait-il de négocier un achat? Était-ce l'argent à la main qu'il fallait parler? « L'indifférence suprême et le sans-gêne avec lesquels l'Espagne considère les dommages que nous souffrons paraissent indiquer son dessein de s'assurer jusqu'où elle peut nous défier et nous insulter impunément. Il est certainement nécessaire de l'obliger à apprendre que notre patience a des bornes. Qu'elle reçoive cette fois une bonne leçon, et soyez persuadé qu'elle s'éveillera de ses songes et prêtera une attention plus docile à la voix de la raison [1]. »

[1] Dépêche de M. Soulé à M. Marcy, du 3 mai 1854. — Sedano, p. 134.

M. Soulé penchait, on le voit, pour la manière forte; mais le Président et le secrétaire d'État, à Washington, étaient heureusement plus calmes. L'Angleterre et la France ayant à nouveau demandé aux États-Unis qu'ils s'engageassent comme elles à ne point annexer Cuba; cette demande ayant fait l'objet, au cours des années 1852 et 1853, d'un échange de notes entre M. Everett, prédécesseur de M. Marcy, lord John Russell, premier ministre de la reine Victoria, et le marquis Turgot pour la France; ayant enfin été rejetée par les États-Unis, péremptoirement et à jamais [1], le secrétaire d'État de l'Union américaine invita ses trois envoyés à Madrid, à Paris et à Londres, à conférer en commun sur la conduite à tenir dans la question cubaine.

Cette conférence eut lieu du 9 au 18 octobre 1854,

---

[1] Note de M. Edward-Everett, du 1ᵉʳ décembre 1852 : « Aucune administration de ce gouvernement, pour forte qu'elle soit dans la confiance publique sous tout autre rapport, ne pourrait tenir un seul jour, sous le poids de la haine que susciterait contre elle le fait d'avoir stipulé avec les grandes puissances d'Europe qu'à aucune époque future, et quel que fût le changement des circonstances, par aucun accord avec l'Espagne, par aucun fait d'une guerre légale (si par malheur survenait cette calamité), ni encore par le consentement des habitants de l'île, dans le cas où ils parviendraient à se rendre indépendants comme les autres colonies de l'Espagne sur le continent américain, ni même obéissant à la suprême loi de leur propre conservation, jamais les États-Unis ne pourraient acquérir la possession de Cuba. » — Sedano, p. 111.

d'abord à Ostende, puis à « Aquisgran, en Prusse ». Il en est rendu compte à M. Marcy dans un document très probablement rédigé par M. Soulé, bien que sa signature y figure la dernière. « Nous sommes arrivés à la conclusion, dit ce document, que les États-Unis doivent faire un effort immédiat et formel pour acheter Cuba à l'Espagne, à quelque prix qu'on y puisse réussir, en ne dépassant pas la somme de... *duros*[1]. » Immédiat et formel, cet effort des États-Unis doit être, en outre, « ouvert, franc et public » pour forcer « l'approbation du monde ». L'intérêt vital de l'Espagne lui commande de vendre, et l'intérêt vital des États-Unis leur commande d'acheter Cuba, sans différer. « Il y a des considérations qui font qu'un retard dans l'acquisition de cette île peut être souverainement dangereux pour les États-Unis. » En revanche, un peu de complaisance peut être pour l'Espagne souverainement avantageux : « Elle ne saurait ne pas voir en quelle mesure une somme d'argent comme celle que nous voulons lui payer pour Cuba contribuerait au développement de ses vastes ressources naturelles. Deux tiers de cette

---

[1] La somme n'est pas précisée dans le texte imprimé (Sedano, p. 137), mais on peut induire, d'un passage suivant, que l'on songe à proposer 120 millions de *duros*.

somme, s'ils étaient employés à la construction de chemins de fer, seraient pour le peuple espagnol une source de plus grande richesse que n'en a ouvert à ses visions Hernan Cortez. »

Qu'est-ce que l'Espagne tire de l'île? Pas même 1 pour 100 du prix que les États-Unis consentent à lui en donner. Et, au demeurant, n'y a-t-il pas des guerres justes? N'en est-ce pas une que la lutte où l'oppression poussée aux extrêmes contraint un peuple pour secouer le joug de ses oppresseurs? Sans doute, le Président est inflexible dans sa détermination de garder la neutralité. Mais ne sommes-nous pas « en un siècle d'aventures »? et, les Cubains se soulevant, quel pouvoir humain empêchera les citoyens ou *des* citoyens américains de les secourir? Si l'Espagne, réfractaire à son intérêt et animée par son orgueil têtu, par un faux sentiment de son honneur, refuse de vendre Cuba aux États-Unis, alors se posera la question : Que doit faire le gouvernement américain?

Ce qu'il devra faire? pour en décider, les trois ministres réunis invoquent encore une loi physique, la première des lois naturelles qui obligent les États comme les individus : la loi de la conservation personnelle. « Notre histoire nous défend d'acquérir Cuba sans le consentement de l'Espagne, à moins que l'acquisition ne se justifie par la loi de notre propre conservation. » En conséquence, « quand nous aurons offert pour Cuba à l'Espagne un prix très supérieur à sa valeur actuelle et que ce prix aura été refusé, la question se posera ainsi : Cuba espagnole met-elle en un péril certain notre paix intérieure et l'existence même de notre chère Union ? — Si oui, toutes les lois humaines et divines nous justifieraient de l'arracher à l'Espagne, étant en notre pouvoir de le faire, et cela en vertu du même principe qui justifierait un individu d'abattre la maison de son voisin, lorsqu'il n'aurait plus un autre moyen de préserver de l'incendie sa demeure, à lui [1]. » *Jam tua res agitur*...

Le Président et M. Marcy durent trouver que c'était aller trop vite en besogne, et en prendre trop à l'aise avec le voisin dont la maison brûle. Ils rappelèrent M. Soulé à la modération diplomatique. Si le moment était favorable pour traiter de l'achat de Cuba, qu'il en traitât; s'il ne l'était point, qu'il remît à une meilleure occasion, en se rabattant sur un traité de commerce et en faisant, du reste, valoir des réclamations que l'Union se

---

[1] Mémoire de MM. James Buchanan, J.-J. Mason et Pierre Soulé, du 18 octobre 1854. — Sedano, p. 137-144.

croyait en droit de formuler [1]. M. Soulé comprit la leçon et répondit : « Votre dépêche ne me laisse d'autre alternative que de languir ici dans l'impuissance, ou de manquer à un mandat qu'il me serait impossible, à raison des obstacles semés sur mon chemin, de remplir d'une façon satisfaisante pour le gouvernement et honorable pour moi. Vous ne devez donc pas être surpris de la résolution que m'impose le souci de ma dignité. Je renonce à mon titre d'envoyé extraordinaire et ministre plénipotentiaire des États-Unis près le gouvernement espagnol [2]. »

M. Soulé après M. Saunders : c'était le second ministre que le persévérant désir d'acheter Cuba coûtait à l'Union américaine ; — désir malgré tout aussi vif et plus vif aujourd'hui que lorsqu'il fut avoué pour la première fois, puisque, dans son Message du 7 décembre 1896, M. Cleveland disait : « On a suggéré aussi au gouvernement l'idée que les États-Unis achètent l'île ; et elle serait probablement digne de considération, s'il se rencontrait de la part de l'Espagne une intention manifeste de discuter une pareille proposition. »

[1] Dépêche de M. Marcy, du 13 novembre 1854. — Sedano, p. 144-149.
[2] Dépêche de M. Soulé à M. Marcy, du 13 décembre 1854. — Sedano, p. 149.

Ainsi, de 1815 ou 1820 à 1897, les États-Unis ont suivi invariablement, vis-à-vis de l'Espagne, au sujet de Cuba, cette politique ou ces deux politiques : une politique officielle, correcte, réservée, ne dépassant pas, comme point extrême, une proposition d'achat ; et une politique populaire, impulsive, effrénée, qui s'emporterait facilement en des écarts et des excès ; qui, dans les formes juridiques ou non, par une guerre juste ou non, respectant ou non le droit des gens et les conventions, et ce qu'on pourrait appeler les convenances internationales, et ce qui constitue d'un État à l'autre, à côté du droit public même, une sorte de morale publique, recourrait volontiers aux armes et mettrait sans scrupule la force la plus brutale au service de ses convoitises ; toutes les deux, d'ailleurs, ces deux politiques, fondées, en dernière analyse, sur le même principe, sur la loi de gravitation découverte par M. Adams : l'île de Cuba ne peut manquer de tomber dans la Confédération américaine, qui ne peut manquer de la recevoir ; mais la première, la politique officielle, sous-entend « tôt ou tard », et la seconde, la politique populaire, crie « tout de suite » !

A la vérité, les deux politiques de l'Union quant à la question cubaine ne sont peut-être pas, dans la réalité des faits et de la vie, aussi distinctes, aussi nettement séparées ; c'est peut-être un peu artificiellement qu'on en ferait deux catégories ; et elles se confondent peut-être ou, du moins, se rejoignent par instants. N'est-ce pas la politique populaire qui perce dans les motions déposées au Sénat et à la Chambre des représentants ; motions pour la plupart radicales et quelques-unes belliqueuses, tendant ou à reconnaître la belligérance aux insurgés et l'indépendance de Cuba ; ou même à intervenir entre les Cubains et l'Espagne, en menant la médiation jusqu'au bout ? N'est-ce pas elle encore dont on devine la pression et la poussée dans certains paragraphes du Message, cependant si calme et si ferme, de M. Cleveland ? D'autre part, la correction, la prudence de la politique officielle a-t-elle été sans réagir sur la politique populaire ? et, si le *jingoïsme* américain n'a pas brisé tout frein et perdu toute mesure dans ses expansions en paroles et en actes, n'est-ce pas à cette réaction de la première des deux politiques sur la seconde qu'il faut en attribuer le mérite ? Oui, si les choses n'ont pas pris, entre les États-Unis et l'Espagne, un plus mauvais cours ; si la paix a été maintenue, si l'on peut espérer qu'elle continuera de l'être, si toutes les chances sont pour qu'elle le soit, — c'est au gouvernement des États-Unis qu'on le doit.

Mais non pas seulement à lui : le maintien de la paix, on le doit aussi, et pour beaucoup, au sang-froid du gouvernement et de la nation espagnols. Quand dans les meetings, aux États-Unis, on déchirait et brûlait le drapeau espagnol ; quand on pendait en effigie Weyler, général espagnol ; quand les journaux américains étaient remplis de menaces et d'injures contre l'Espagne, on pouvait craindre que la fierté, ou l'orgueil, ou le point d'honneur espagnols, — quelque nom qu'on veuille donner à ce travers qui est souvent une si grande vertu et toujours une si grande force, — on pouvait craindre que ce qui est toute l'Espagne dans l'Espagne d'aujourd'hui ne se révoltât, et que les Espagnols ne se souvinssent qu'il y avait chez eux un ministre, des consuls, des citoyens, des drapeaux et des écussons américains : lesquels drapeaux et écussons eussent pu servir de preuve que, dans le pays des bûchers, il ne faut pas jouer avec le feu. M. Cánovas del Castillo ne s'en défendait pas : il eut alors de terribles jours et de terribles nuits. Le moindre monome d'étudiants partant de la Puerta del Sol, par la Calle Mayor, pouvait arriver à la Plaza de San Martin, où était la légation des États-Unis, foule furieuse, peuple déchaîné. Certes, il le disait avec son énergie tranquille, M. Cánovas eût mobilisé — et on le savait — toute la garnison de Madrid plutôt que de permettre qu'il fût porté, en la personne du ministre des États-Unis ou d'aucun des siens, atteinte à la loyauté et à l'hospitalité de l'Espagne. Mais la situation eût été plus que grave, et le différend ou les dissentiments s'en seraient mortellement envenimés...

Grâce, par conséquent, au gouvernement et à la nation espagnols comme au gouvernement et à la partie assise et rassise de la nation américaine, les pires maux, le suprême péril ont pu être jusqu'ici évités. L'échéance du 4 mars, à laquelle devait s'opérer aux États-Unis la transmission des pouvoirs présidentiels, et dont on avait dit que ce serait pour le ministère espagnol « le Cap des Tempêtes », a été franchie sans accident. Et aussitôt en Espagne on débaptisait ce cap redoutable enfin doublé, et l'on saluait déjà « le Cap de Bonne-Espérance ». Le dernier mot de M. Cleveland avait été « la paix »; le premier mot de M. Mac Kinley a été « la paix ». En entrant à la Maison-Blanche, M. Mac Kinley a épousé la tradition de la politique officielle, circonspecte et correcte; en arrivant à Madrid, le général Woodford n'a rien fait qui puisse donner à craindre qu'il n'épouse pas celle de M. Hannis Taylor. Et c'est encore une justice à rendre à M. Cánovas del Castillo que, de tous les Espagnols, il fut sans doute celui que le changement de présidence aux États-Unis préoccupa ou inquiéta le moins : le sens profond qu'il avait du gouvernement l'avertissant que, n'importe quel homme politique fût élu, cet homme ne serait pas tant un Président nouveau que le successeur, l'héritier et le continuateur d'une longue série de Présidents. Mais aussi, et précisément parce que tout de suite la tradition le lie et qu'il devient un anneau de la chaîne, cette politique officielle, s'il en accepte et s'il en perpétue les formes de correction et de réserve, le

Président élu n'en modifie pas, il n'en fait ni dévier ni obliquer la direction : en cela également il est un successeur, un héritier et un continuateur.

C'est pourquoi les difficultés à propos de Cuba, qui n'ont pas empiré par l'arrivée de M. Mac Kinley aux affaires, n'en ont pas été et n'en pouvaient pas être résolues. Il y a, sur ce sujet, entre les États-Unis et l'Espagne, trop de malentendus ou plutôt un malentendu fondamental, qui suffit à tout embrouiller. Les États-Unis, depuis tantôt un siècle, veulent démontrer à l'Espagne qu'elle ferait un excellent marché en leur cédant Cuba ; et il se peut que ce soit la vérité, mais c'est la seule chose que l'Espagne ne puisse comprendre, qui ne puisse jamais entrer dans une tête ou dans un cœur espagnols, de faire de Cuba, — représentant pour l'Espagne ce que l'île représente et saturée de sang espagnol, — de faire de Cuba matière de marché. Inversement, l'Espagne se trompe en s'imaginant qu'à force d'héroïsme, et comme par la vertu de ses sacrifices, elle fera oublier aux États-Unis que Cuba est à cinq ou six heures de la Floride et fléchir les inflexibles lois de la gravitation politique que M. Adams et après lui tous les Présidents et tous les secrétaires d'État américains ont proclamées et invoquées contre elle.

« Paix sur la terre aux hommes de bonne volonté ! » a dit M. Mac Kinley en style évangélique. Malheureusement il y a sur la terre trop d'hommes — et trop de faits — de mauvaise volonté. S'il existe un malentendu entre l'Espagne et les États-Unis, il en existe un autre entre les États-Unis et l'insurrection cubaine. Les États-Unis auraient tort de croire que l'idéal des Cubains rebelles à la domination espagnole soit d'être annexés à l'Union et de voir leur étoile aller faire dans le firmament américain une quarante-sixième ou quarante-septième partie de constellation. L'étoile de Cuba est une étoile solitaire, et l'idéal des insurgés, le vrai, c'est une république à la mode haïtienne. Mais, en retour, les Cubains auraient tort de se flatter que les États-Unis laisseraient, à leur ombre et dans leur sphère d'attraction immédiate, se fonder définitivement et sans penser à la discipliner, à se l'agréger, sinon à l'absorber un jour, une seconde république d'Haïti.

— Voilà bien des illusions ; voilà bien des causes de querelle ; en voilà pour bien longtemps ; et il pourrait se faire que le Nouveau Monde eût dans la question cubaine sa question d'Orient.

CHAPITRE III

LA RÉVOLTE DES PHILIPPINES ET LES MŒURS POLITIQUES

DE L'ESPAGNE

En même temps qu'une guerre à Cuba, l'Espagne
a une seconde guerre à soutenir aux îles Philippines : les deux insurrections, d'Extrême Orient
et d'Extrême Occident, ont été sinon concertées,
du moins simultanées. Mais, si les causes de
l'autre sont multiples et complexes, pour celle-ci
elles sont peut-être plus faciles à démêler. —
Comme nous traversions, en sortant du cabinet
de M. Cánovas, le grand salon de la présidence
du Conseil, où se réunissent les ministres, nous
vîmes, debout dans un des angles et graves, ne
causant pas, quatre religieux qui attendaient. —
« Ce sont, me dit-on, les procureurs à Madrid
des quatre principaux ordres établis aux Philippines : augustins, dominicains, franciscains et récollets ; le président les a mandés pour conférer

de la situation politique. » — Et tous les quatre, ils me rappelèrent l'impression ressentie au Palais, deux ans auparavant, en regardant entrer, appelé chez la reine, un évêque dont la robe de moine était à demi recouverte du rochet de dentelles, avec les manches doublées de violet, devant lequel s'agenouillaient grands d'Espagne, généraux, dames d'honneur, et qui, la mine indifférente, l'œil dur, bénissait de haut. Pour la première fois, l'Espagne m'était apparue, là, à la cour, notre Espagne classique, celle que le théâtre et le roman nous ont faite, une Espagne peut-être fausse et — qui sait ? — peut-être plus vraie que l'Espagne de toutes les rues et de tous les jours, où se découvrait, sous l'apport du xvii°, du xviii° et du xix° siècles, le fond, le roc du xvi°. Ici encore subitement, crûment, en un puissant relief et comme en un violent raccourci d'histoire, cette Espagne réapparaissait. Au dehors, dans les journaux que les petits vendeurs criaient de leur voix monotone : — *Imparcial! Liberal!* — c'étaient des explications sans fin pour démontrer que l'archevêque de Manille désapprouvait le plan de campagne du maréchal Blanco. Et l'homme d'Espagne qui, sans doute, connaît le mieux son pays et les autres pays, son temps et les autres temps, quand je lui eus conté ce que je venais de voir et ce que je venais de lire, fit, en substance, la réponse que voici :

« Non, il est vrai, depuis le xvi° siècle, depuis Magellan, Elcano et Legazpi, nous n'avons point, aux Philippines, changé de gouvernement. Constamment, depuis trois cents ans, nous avons voulu gouverner cette colonie avec des soldats et des moines. Nous y avons fondé une sorte de féodalité à la fois militaire et théocratique ; et contre elle, enfin, s'est dressée la franc-maçonnerie, si bien qu'il n'y a plus dans l'Archipel, Européens ou indigènes, que les loges et leurs adeptes, en face des ordres et de leurs fidèles.

« J'en puis parler très librement, n'étant pas franc-maçon, non plus que je ne suis jésuite : de bonne foi, il faut avouer que ce gouvernement par les moines est, dans le monde moderne, un anachronisme. Mais sommes-nous là-bas dans le monde moderne ? Nous avons affaire à des gens dont beaucoup sont des sauvages : les plus avancés n'en sont guère qu'où nous en étions il y a trois ou quatre siècles. Dès lors, la conclusion semble aller de soi : donnons-leur les institutions que nous avions il y a trois ou quatre siècles.

« Ce serait, en effet, une conclusion ; seulement, par une contradiction singulière, en ce pays de trois ou quatre siècles en retard où nous ne changions pas autre chose, nous avons essayé d'introduire notre code civil espagnol, lequel, naturellement, s'inspire, comme aujourd'hui tous les codes occidentaux, du grand principe de l'égalité devant la loi. Un grand principe assurément, mais en faire à l'adresse des Philippines, dans leur état actuel, un article d'exportation, c'est la pire des absurdités et le contraire même de la politique.

« Je me plais souvent à dire que l'histoire est d'hier, la poésie de demain, la science et la religion de toujours, mais que la politique est de ce jour et d'un seul jour. La première qualité d'un gouvernement est, en conséquence, de répondre à l'état social et aussi à l'état mental du peuple pour qui il prétend être fait. Dans la condition des Philippines, que leur fallait-il ? Un despotisme éclairé, le bon tyran : Pierre le Grand, Frédéric II ou Charles III. Que leur envoyons-nous ? Des moines d'abord, et qui sont insatiables, qui sans cesse importunent la reine : « Madame, que Votre Majesté veuille bien nous donner ceci et, par grâce, y ajouter cela ! » — Elles ont trouvé le moyen, les missions des Philippines, de se faire loger à l'Escurial ! — Et puis, après les moines, les maçons ; et par là-dessus un régime militaire : des généraux qui sont tantôt les serviteurs des frères, tantôt les compagnons de la secte, et qui, selon qu'ils sont l'un ou l'autre, favorisent outrageusement ou les ordres ou les loges.

« Cependant la colonie est tiraillée d'un camp à l'autre camp et d'un système au système opposé, gouvernée et administrée en partie par des lois trop jeunes, en partie par des mœurs trop vieilles. Au lieu de ces capitaines généraux, incapables pour la plupart de comprendre leur rôle politique, que n'expédie-t-on à Manille un homme ayant le sens et la pratique des affaires d'État, qui instaurerait un gouvernement civil et laïque, mais dont les éléments seraient combinés et dosés d'après le caractère, l'intelligence et le degré d'éducation du sujet ? »

Mon interlocuteur me laissa sur ces paroles, obsédé par la pensée de l'étrange chose que peut être — ou que serait, s'il avait réellement une vie publique — la vie publique de ce peuple de francs-maçons de toutes races et de toutes couleurs, maintenu militairement sous la domination, la tutelle, l'autorité non limitée au spirituel, de moines de toutes règles et de toutes robes.

I

On sait que les îles dont se compose l'archipel des Philippines sont presque innombrables : dix-huit à vingt grandes ou assez grandes, et environ deux mille petites ou toutes petites [1]. Les principales sont Luzon, Mindoro, Panay, Samar, Leyte, Bohol, Cebù, Negros, la Paragua, Mindanao. Elles se répartissent en trois groupes : Luzon au nord,

[1] D'après *las Colonias españolas de Asia, Islas Filipinas*, por el teniente-coronel Manuel Scheidnagel; Madrid, 1880. — Cf. *El Archipiélago filipino y las islas Marianas, Carolinas y Palaos*, por don José Montero y Vidal; Madrid, 1886. Ce dernier ouvrage parle de 1.400 îles seulement : il est probable que le colonel Scheidnagel appelle « des îles » ce que M. Montero y Vidal ne considère que comme des rochers. — Voyez, entre autres travaux, dans la *Revue des Deux Mondes*, les études de MM. Th. Aube, 1er mai 1848; Jurien de la Gravière, 15 juillet 1852; C. Lavollée, 15 juin 1860; Radau, 1er février, et le duc d'Alençon, 15 mai 1870; Edm. Plauchut, 15 mars, 16 avril et 15 juin 1877; C. de Varigny, 15 janvier 1888. Nous nous sommes placé ici au point de vue plus particulier des relations de la colonie avec la métropole.

les Visayas au centre, Mindanao au sud, avec l'archipel de Jolo. De l'extrême nord de l'île de Luzon à l'extrême sud de l'île de Jolo, les Philippines s'étendent sur une longueur approximative de 260 lieues de 20 au degré et couvrent une surface de près de 295.000 kilomètres carrés. A 460 lieues de leur capitale, Manille, se trouvent les Mariannes, qui en dépendent; une distance de 1.900 lieues à vol d'oiseau, de 2.600 lieues de route maritime par Suez, les sépare de l'Espagne.

La population s'élève, autant qu'on a pu la reconnaître, à 7 ou 8 millions d'habitants, dont 5 millions d'*Indiens*, 1 million d'*Igorrotes, Remontados, Aetas* et *Moros* (*Arabes* de Jolo et de Minnao), 500.000 *métis*, 100.000 *Espagnols philippins*, 12.000 *péninsulaires;* auxquels sont venus, en dépit des lois restrictives, se joindre 40.000 Chinois. Population mêlée, hétérogène, comme on voit et plus encore qu'on ne le voit du premier coup d'œil, aux origines ignorées ou confuses, qui demeurent pour les savants une belle thèse, mais controversée. Qu'est-ce, exactement, que les Igorrotes, les Remontados, les Tinguianes, les Aetas ? En décident les académiciens dont c'est l'affaire. Quant aux métis, nul ne débrouille le mystère de leur génération : métis d'Espagnols et d'Indiennes ; métis d'Européens, Allemands, Anglais, Français et d'Indiennes ; métis *sangleyes*, de Chinois et d'Indiennes ; métis de métis et de métisses ; puis surcroisements de tous ces croisements ; et guidez-vous donc par la forme des crânes à travers cet écheveau d'humanité ! Qu'ils viennent, au surplus, d'où ils peuvent, la politique n'a besoin que d'être fixée sur quelques points, et sur ces points elle est fixée ; en très grande majorité, les habitants des Philippines ne sont, à aucun degré, Espagnols ; parmi ceux qui le sont à des degrés différents, la très grande majorité ne l'est qu'à un infime degré ; parmi ceux qui le sont à un certain degré, et, parmi ceux-là même qui se réclament du nom d'Espagnols, la très grande majorité n'est pas née en Espagne, n'a jamais touché le sol de la mère patrie.

Or, de quelle façon, avec quels instruments l'Espagne gouverne-t-elle et administre-t-elle cette masse non espagnole ? Au sommet, le gouverneur général, qui réunit presque tous les pouvoirs, qui est plus que n'était jadis un vice-roi du Pérou, qui commande l'armée, dirige la politique, de qui relèvent les affaires civiles, et à qui les affaires religieuses elles-mêmes ne sont point absolument étrangères, puisqu'il exerce le patronat royal vis-à-vis de l'Église [1], est comme le vicaire de la couronne, et, représentant la personne du prince, comme « l'évêque extérieur » pour les Indes orientales. Le gouverneur général est toujours, au moins depuis 1824 [2], un officier, capitaine ou lieutenant général, et le gouvernement général des Philippines est en même temps une capitainerie générale. Au sommet, donc, le régime militaire [3]; les âmes appartiennent à l'archevêché : le capitaine général et l'archevêque, à eux deux, détiennent ainsi la somme de l'autorité; ils la détiendraient toute, sans réserve ni recours, si la justice n'était du ressort de la *Audiencia*.

Les provinces forment soit des gouvernements civils, *alcaldias mayores*, confiés à des juristes ou hommes de loi, *letrados*, soit des gouvernements ou commandements politico-militaires. A la seule île de Luzon, et seulement à certaines parties de cette île, se borne jusqu'à présent le champ

---

[1] Voy. *Regio patronato español e indiano*, por el P. Matias Gómez Zamora, dominico, del Consejo de Filipinas; Madrid, 1897.

[2] Voy. la liste des capitaines généraux, dans Scheidnagel, p. 94, 95.

[3] Le gouverneur est assisté d'un secrétaire général, de deux directeurs généraux, l'un, des finances publiques, l'autre, de l'administration civile; d'un chef d'état-major et de sous-inspecteurs des différentes armes; du commandant de la station navale; enfin d'un Conseil d'administration.

d'expérience du régime civil; les Visayas, Mindanao et Jolo, les îles adjacentes, sont territoire militaire [1].

Voilà la part des Espagnols, et voici celle des indigènes. Les Espagnols tiennent l'État et la province; aux indigènes ils abandonnent la commune. Chaque *pueblo*, — traduisons par commune, — possède une espèce de mairie, *tribunal*, où siège la *principalia*, assemblée des membres et anciens membres de l'*ayuntamiento*, — disons : du conseil municipal — et de ceux qui occupent des emplois officiels, de l'État ou de la commune, un *conseil des notables*. Le chef de la commune est le *gobernadorcillo*, diminutif légèrement dérisoire, le « petit gouverneur »; ce magistrat, en Espagne, serait l'alcade ; chez nous, le maire; on l'appelle plus sérieusement, quoique plus couramment, *capitan*, le capitaine; il a, suivant l'importance du village, un, deux ou plusieurs lieutenants. Il porte ou l'on porte devant lui — tels les faisceaux devant le consul romain — la canne à glands d'or, le bâton, insigne éminemment espagnol du commandement ; ses lieutenants n'ont droit qu'à la

<hr>

[1] Là encore, en général, les pouvoirs et les fonctions sont ou confondus ou très imparfaitement séparés ; et, dans telle province, les gouverneurs sont, en outre et tout ensemble, administrateurs des finances et juges de première instance.

vara, une simple verge. Par son costume aussi, il est au-dessus du vulgaire : le frac et le chapeau de haute forme lui sont, en quelque sorte, somptuairement réservés ; les autres se contentent de la jaquette, du pantalon à l'européenne, avec la chemise flottante, du couvre-chef en champignon et des pantoufles de couleur, quelquefois des souliers vernis, mais ce n'est chez eux qu'une élégance tolérée.

Tout ce monde, naturellement, fait payer et paye des impôts, dont il n'y a pas grand'chose à dire, sinon qu'en eux-mêmes ils ne semblent pas excessifs. Pour l'impôt de capitation, ni le *demi-tribut* de 7 fr. 50 par personne, ni le *tribut entier* de 15 francs par ménage n'est une vexation trop lourde. La corvée, la prestation annuelle de quarante journées de travail pèserait sans doute davantage si le temps avait la même valeur en Orient qu'en Occident, et si, du reste, elle n'était rachetable au prix modeste de 15 francs. Le droit sur la consommation de l'alcool, la marque du bétail, etc., ne peuvent non plus passer pour écrasants. Mais ce qui, en tout pays, aggrave singulièrement l'impôt, c'est, quand il s'en produit, les abus dans la perception. Aux Philippines, le percepteur est encore un collecteur des tailles, responsable pour tant de têtes, et payant quand les contribuables ne payent pas [1] : on comprend qu'à l'occasion il se couvre, se garde ou se dédommage.

Ce collecteur, le *cabeza de barangay*, est, comme le petit gouverneur, un Indien, mais il exerce au nom de l'Espagne, et, s'il abuse, c'est sur l'Espagne que la faute en est rejetée, faute dont elle n'est pas d'ailleurs toujours entièrement innocente. Il n'est pas sans exemple que tel et tel, qui ne possédaient rien, se soient retirés avec une honnête aisance de fonctions légalement gratuites [2]. Les petits gouverneurs, capitaines et lieutenants de village, les principaux, les *cabezas*, leurs femmes et leurs enfants, ne cessent pas, pour cela, d'être considérés ; même lorsqu'on en pâtit, on les excuse, et on les plaint presque : ils sont bien forcés de faire ce qu'ils font ! à l'Espagne seule on en veut de toutes les prévarications. Pendant ce

---

[1] Pour le recouvrement des impôts, les communes sont réparties en sections de 50 à 100 feux, composant chacune une *cabeceria*, avec un *cabeza de barangay*. C'est une organisation ancienne et, paraît-il, antérieure à la conquête, que les Espagnols ont gardée, comme dans l'Inde les Anglais (Voy. Sir Henry Maine, *l'Inde et l'Angleterre*, dans les *Études sur l'Histoire du Droit*, trad. franç., p. 564) ont conservé, « en l'améliorant et en le civilisant, le système de perception institué par les empereurs mogols ».

[2] Voy. don José Montero y Vidal, p. 163.

temps-là, en travaillant ainsi pour eux, ils travaillent à l'envi contre elle...

Et, pendant ce temps-là, les Espagnols remettent la police des îles — gendarmerie, ordre public — à une garde civile indigène, qui coûte cher, est mal composée, plus mal dressée, plus mal armée ; qui poursuit, sans jamais les atteindre, les *tulisanes*, les bandits dont deux compagnies d'infanterie ne tarderaient guère à rendre compte, et depuis la création de laquelle les délits sont plus nombreux qu'auparavant [1]. De telle façon que « les petits gouverneurs », les « capitaines » de village, les *cabezas de barangay* fournissent à l'émeute ses officiers ; la garde civile lui fournit ses cadres ; quant aux prétextes et aux meneurs, on pense bien qu'ils ne manquent pas.

[1] Don Manuel Scheidnagel, p. 167.

II

L'insurrection ne chôme même pas d'aumô-
niers, car, ainsi qu'il y a une milice indigène, il
y a dans l'archipel un clergé indigène; et la
loyauté de tous ses membres n'est peut-être pas
à toute épreuve. Nous retrouvons ici, — enveni-
mée par les préjugés et les antipathies de race,
qu'un christianisme trop étroit, trop formel, d'une
part, et, de l'autre, trop superficiel, trop peu profond, n'a pu noyer ou étouffer, — la vieille et
instinctive inimitié des séculiers contre les régu-
liers. Quatre ordres religieux prospères et puis-
sants, rappelons-le, se partagent les Philippines :
augustins, récollets, franciscains et dominicains.
Ils occupent tout Luzon, à l'exception des deux
provinces de Lepanto et de Bontoc, et toutes les îles
Visayas; Mindanao est réservé à la compagnie de
Jésus. Leurs titres de possession évangélique sont

anciens et vénérables : les augustins sont venus en 1565 avec Legazpi [1]; les franciscains, en 1577; les dominicains, en 1587; les récollets, en 1606; les jésuites, après avoir été supprimés par Charles III, ne sont rentrés qu'en 1852.

Recrutés exclusivement parmi les Espagnols, ils ne s'enferment pas au fond de leurs couvents pour y vivre dans la prière et la contemplation ; ils occupent la majeure partie des cures paroissiales. Le reste, — celles qui appartiennent en propre aux diocèses et, par exception, quelques-unes aussi de celles qui dépendent des ordres, — est laissé au clergé séculier, presque exclusivement indigène. Les bénéfices n'en sont pas méprisables. Chaque fois qu'un naturel paye le demi-tribut de 7 fr. 50, le trésor de la province retient 1 fr. 25, à titre de *Sanctorum*, qui sont distribués aux curés des diverses communes, sans préjudice des droits de pied d'autel — *pié d'altar* — et autres offrandes coutumières. L'archevêque de Manille touche de l'État un traitement annuel de 12.000 *duros*, ou 60.000 francs ; les évêques de Cebù, Nueva Segovia, Nueva Caceres et Jaro,

---

[1] Parmi les compagnons de Legazpi figuraient les religieux augustins, Fr. Andrés de Urdaneta, Fr. Martin de Rada, Fr. Diego de Herrera, Fr. Pedro Gamboa et Fr. Andrés de Aguirre, — Don José Montero y Vidal, p. 24.

chacun 30.000 francs. Le chapitre cathédral de Manille reçoit plus de 170.000 francs, sans compter les *proviseurs*, les *fiscaux*, les *notaires* près les juridictions ecclésiastiques, dont quelques-uns touchent de 10 à 15.000 francs. Le haut clergé et le clergé des paroisses coûtent chaque année à l'État 3.500.000 francs [1] ; on cite des cures qui, tout compris, cette subvention de l'État, les droits, les bénéfices et le capital, valent 25.000, 50.000 et même 75.000 francs ; la plupart ne valent pas moins de 10.000 [2].

Moines espagnols et prêtres indigènes rivalisent de zèle pour les desservir, mais ce zèle ardent des ordres, le ministère sacré ne l'épuise pas et, maîtres de l'église, ils ne le sont pas moins de l'école. Quoi que l'on veuille étudier, théologie, jurisprudence, médecine, pharmacie ou notariat, il n'y a à Manille qu'un endroit où on l'enseigne,

---

[1] Chiffres de 1886, d'après M. Montero y Vidal.

[2] Montero et Vidal, p. 176. On peut également consulter sur ce point, en se rappelant que l'auteur n'est pas exempt de partialité, un livre paru récemment en français chez Stock, et dont le titre dit assez la tendance : *Les Inquisiteurs d'Espagne*, Montjuich, Cuba, Philippines, par F. Tarrida del Marmol.

Suivant M. Tarrida, p. 299, les prêtres, aux Philippines, toucheraient par an « cent treize millions de francs quand l'État n'en touche que soixante-six ». Nous ne savons, au reste, d'où il a tiré ces chiffres, dont il va sans dire que nous lui laissons la responsabilité.

un grand séminaire des fonctions publiques :
*la Royale et pontificale Université de Saint-Tho-
mas.* Qui la dirige? Son titre l'indique : les dominicains. Et qui est-ce qui prépare à ce grand
séminaire ? De petits séminaires : les collèges de
Saint-Jean-de-Latran et de Saint-Thomas encore,
tous deux aux mêmes dominicains ; l'Athénée
municipal, aux Jésuites ; le collège de Saint-Joseph,
au clergé séculier.

Exception ou dérogation est faite ou commence
à être faite pour l'enseignement primaire, auquel
pourvoit maintenant l'école normale de Manille,
mais cet enseignement est encore inerte et mort ;
il se borne à la lecture et à l'écriture, on peut
dire mécaniques : car les enfants, garçons et
filles, qui peuplent en foule les écoles, font avec
des maîtres ce que leurs parents faisaient tout
seuls à force d'attention et de patience : ils
arrivent à lire l'espagnol sans l'entendre et à
l'écrire en dessinant la forme des lettres. Après
trois cents ans d'occupation, l'Espagne n'a pas
pénétré plus avant dans la tête de l'Indien des
Philippines ; bien que, malgré tout ce qu'on a
prétendu, elle l'ait traité plutôt doucement, elle
n'a pas touché son cœur : l'âme elle-même
s'échappe à travers les mailles du filet chrétien,

retourne vers les superstitions des ancêtres, ou vole à la franc-maçonnerie comme à une sorcellerie nouvelle, aussi mystérieuse que l'autre et, dans le pauvre esprit de cette race conquise, — qui sait? — peut-être libératrice.

III

Seize loges à Manille, affiliées au Grand-Orient
d'Espagne, et une au moins dans chaque *pueblo*
de cette province ; une loge au moins dans les
autres provinces de Luzon, ainsi que dans Zamboanga et dans les Visayas ; un club-loge anglo-
allemand, dont le capitaine général, le commandant en second, le président du tribunal, le
directeur de l'administration, le gouverneur civil
et le commandant général de la marine ont accepté
d'être membres honoraires et où des généraux fré-
quentaient quotidiennement ; une loge encore,
exclusivement allemande celle-là, et rattachée au
Grand-Orient de Berlin : *l'Union Germanique* ;
puis la « *Société de tir* » de *San Juan del Monte*,
centre commun aux Suisses, Belges, Français et
Hollandais, qui une fois par an sort en armes dans
les rues de Manille, évolue sous le commande-

ment du gouverneur général et défile devant lui[1] ; en tout, assure-t-on, *cent quatre-vingts* loges, et, y compris « les frères dormants », *vingt-cinq mille* initiés, tel serait l'effectif de la franc-maçonnerie aux Philippines.

Parmi ces initiés figurent un très grand nombre d'indigènes, et notamment les plus riches, les plus influents, quoique, dans les derniers temps, cet élément indien relativement cultivé ait été débordé par les couches inférieures, d'où sont sortis les chefs de l'insurrection, les Aguinaldo, les Llanera, les Andrès Bonifacio[2]. L'attraction des loges est si puissante qu'il n'est pour ainsi dire pas un étudiant né aux Philippines et venu en Europe prendre ses diplômes qui ne s'inscrive sur les tables du rite portuguais ou écossais aussitôt, plus tôt même, que sur les registres de l'Université ; mais le résultat de cet empressement des naturels à embrasser la franc-maçonnerie, ses pompes et ses œuvres, n'a guère été celui que les fondateurs ou les introducteurs en attendaient : peut-être a-t-il été tout l'opposé.

[1] *La Masoneria en Filipinas*, estudio de actualidad, por Francisco Engracio Vergara ; Paris, 1896. — Cf. *Politica de España en Filipinas*, et *El Katipunan*, por D. J. Castillo.

[2] Voy. la remarquable série d'études publiée, sous le titre de *España en Filipinas*, dans le journal *la Epoca*, par D. Joaquin Maldonado Macanaz.

L'histoire en est assez obscure. Il semble bien pourtant que les origines du mouvement maçonnique dans l'archipel soient à peu près celles-ci : aux environs de 1860, il était d'usage en Extrême-Orient de faire, dans la population européenne des Philippines, deux catégories : d'une part, *les Juifs*, et, de l'autre, *les Chrétiens :* par *les Chrétiens* on entendait seulement les Espagnols, tout étranger était un *Juif*. Or un grand nombre de ces « Juifs » malgré eux étaient francs-maçons et fraternisaient dans les loges de Singapore, Hong-Kong, Java, Macao, et des ports ouverts de la Chine. C'était le temps où les pirates mahométans de Mindanao et de Jolo recommençaient ou multipliaient leurs incursions : l'Angleterre prenait vis-à-vis de l'Espagne une attitude presque hostile ; les Hollandais se montraient méfiants et irrités à cause des tentatives faites par les Espagnols pour s'établir sur la côte nord de Bornéo ; les Français n'avaient pas encore oublié l'affaire de l'île de Basilan ; les Américains n'étaient guère mieux traités, ni guère mieux disposés. Il était donc permis de croire que des loges communes où ils s'associaient ils faisaient un foyer de commun ressentiment et de commune conspiration contre l'Espagne.

Deux officiers de marine, illustres dans les annales militaires espagnoles, Malcampo et Mendez Nuñez [1], résolurent d'opposer franc-maçonnerie à franc-maçonnerie ; et, francs-maçons eux-mêmes de vieille date, ils instituèrent à Cavite une loge qu'ils appelèrent : « Première Lumière des Philippines », *Primera Luz Filipina*, sous le Grand-Orient de Lusitanie ; par l'intermédiaire des loges de Macao et de Hong-Kong, également soumises au rite portugais, ils la mirent en rapport avec les loges étrangères des villes voisines ; et plus tard ils y ajoutèrent, à Zamboanga, une succursale dont firent partie tous les marins, officiers et fonctionnaires en possession d'emplois à Mindanao.

Mais sur les entrefaites débarquèrent aux Philippines les convois de prisonniers déportés pour participation aux guerres civiles : des carlistes d'abord, « auxquels les ordres religieux firent fête [2] » ; puis des fédéralistes, cantonalistes ou socialistes, qui étaient pour les francs-maçons autant de recrues. Par là, et autrement encore, la révolution de 1868 eut son contre-coup dans l'archipel, envenimant des plaies secrètes et dé-

---

[1] Fr. E. Vergara, p. 8.

[2] Selon M. Fr. E. Vergara, qui est peut-être bien ici un peu suspect. — Voy. *La Masoneria en Filipinas*, p. 10 et 11.

chaînant créoles, métis et indigènes, dont le mécontentement, longtemps réprimé et dissimulé,
put se donner plus librement carrière. Pour
exploiter ce mécontentement qu'ils jugeaient
arrivé au point où il produit l'insurrection, des
étrangers, — et principalement, dit-on, le consul
général d'Allemagne, — créèrent à Manille une
nouvelle loge, du rite écossais et dépendant de
celle de Hong-Kong. Auparavant, ils n'étaient
francs-maçons que de loin et en quelque sorte à
l'extérieur, manquant d'une hiérarchie capable de
les réunir et de les organiser sur place ; désormais cette lacune allait être comblée, et les ennemis plus ou moins déclarés de la domination
espagnole sauraient où se rencontrer. A ce rendez-vous des intrigues politiques, dès le premier
jour, ils ne se trouvèrent pas seuls ; les naturels
y furent empressés. On les accueillit amoureusement
et tout de suite, les prenant par leur faible, on les
constitua dans les dignités : le premier secrétaire
de la nouvelle loge fut un métis d'Allemand et
de créole, ce Jacobo Zobel Zangronis, qui eut
plus tard l'entreprise des tramways de Manille et
de Malabon, se mêla à mille affaires industrielles
et fit une des plus grosses fortunes du pays [1].

[1] Fr. E. Vergara, p. 9.

Ainsi, deux espèces de loges : dans celles qui relevaient du Grand-Orient d'Espagne, entre républicains et indigènes, contre les ordres ; et, dans les loges étrangères, entre Allemands, Anglais, Américains et indigènes, contre l'Espagne, plus ou moins consciemment s'entretenait le malentendu et se préparait la rébellion. Peu à peu, à mesure que les naturels, par la seule force de leur nombre, y prenaient la prépondérance, la franc-maçonnerie se transformait et devenait le *Katipunan* [1], vaste association qui se proposait pour objet de secouer le joug des moines et le joug de la métropole, inséparablement, indissolublement unis dans une même haine ; l'arme, dont Malcampo et Mendez Nuñez avaient voulu placer la garde dans la main de l'Espagne et diriger la pointe contre des puissances rivales, se retournait : c'étaient les *Tagals* à présent qui en tenaient la poignée, et ils en menaçaient l'Espagne.

Ils étaient venus à la franc-maçonnerie, poussés sans doute par l'attrait du mystère, inné dans

---

[1] Voy. le livre de D. J. Castillo, *El Katipunan*. Les membres de cette association secrète ont parfois signé leurs méfaits. On a trouvé, dans des cases incendiées, un morceau de papier cloué à une poutre, avec la marque K I K et au-dessous I K I, qui, paraît-il, est le timbre du *Katipunan*.

l'homme, — et irrésistible pour l'homme primitif chez lequel rien ne le combat, — qui le fait s'éprendre surtout de ce qu'il ne peut comprendre. Ce formulaire, cette mimique, ces simagrées et ces grimaces, la fausse horreur de ces épreuves, tout ce qui rend aujourd'hui en Europe une telle institution parfaitement ridicule, bien loin d'en détourner l'Indien des Philippines, devaient être et ont été sur lui autant de prises sûres. En s'affiliant à la secte, il n'a pas d'ailleurs répudié le catholicisme, de même qu'en adoptant jadis le catholicisme il n'avait pas rejeté les superstitions héréditaires : il n'a fait qu'ajouter ce troisième ordre de mystères aux deux autres ; il les a mêlés en ses *Anting-anting*, en ses amulettes, où l'on voit à la fois quelqu'une des anciennes idoles [1], le Sacré-Cœur de Jésus, le triangle symbolique avec l'œil grand ouvert, et où à tous les noms de la Trinité font pendant les noms de tous les démons. C'est donc par là, par son appareil, par sa mise en scène que la franc-maçonnerie a séduit et captivé les indigènes ; mais, si peu éclairés qu'ils soient, ils ne sont pas assez inintelligents ni d'in-

---

[1] *La Época*, dans son supplément illustré du dimanche 20 mars 1897, a reproduit deux de ces *Anting-anting*, trouvés sur des cadavres d'insurgés.

stinct assez anarchique pour ne pas avoir bientôt
aperçu le parti qu'ils en pouvaient tirer.

A force de se rencontrer pour les « tenues » et
les cérémonies, ils ont appris à se compter, à compter les Européens, et à se compter comme à les
compter homme pour homme. Depuis des siècles
les moines leur enseignaient à regarder l'Espagnol comme un père, avec l'idée de pouvoir quasi-
illimité qu'emporte la paternité dans le régime
patriarcal ; les francs-maçons les ont autorisés à
ne plus le regarder que comme un frère, avec
l'idée d'égalité que la fraternité comporte dans le
régime moderne de l'Occident. Entendant sans
cesse, dans leurs loges, mal parler du prêtre, ils
ne le respectaient plus ; y coudoyant chaque jour
l'officier, ils ne le craignaient plus. Le commandement, se rapprochant d'eux, perdait de son poids ;
mais eux, se rapprochant les uns des autres,
gagnaient le sentiment de leur masse.

Si les Européens tiennent, aux colonies, en face
de peuples où leur petite troupe serait noyée, c'est
bien à cause du prestige qu'ils exercent, mais le
prestige s'use dans la familiarité ; et c'est à cause
de l'état en quelque sorte fragmentaire où vivent
ces peuples, ordinairement partagés en tribus ;
mais cette faiblesse, qui ne leur vient que de ne

pas connaître leur force, il ne faut pas la faire
cesser : il ne faut pas éveiller en eux la notion
pour eux jusque-là insoupçonnée d'une unité
nationale possible. Or, le groupement qui manquait aux indigènes des Philippines, la franc-
maçonnerie le leur a donné : groupement non
seulement politique, mais militaire. Quand la franc-
maçonnerie a eu dans l'archipel cent quatre-
vingts loges, non seulement la conjuration a eu
cent quatre-vingts foyers, mais l'insurrection, cent
quatre-vingts régiments : 25.000 francs-maçons ;
plus de 20.000 rebelles, sachant ce qu'ils faisaient ;
derrière, la multitude de ceux qui ne savaient
pas, et qui se levaient tout de même[1].

[1] Ce sont ceux-là sans doute qui, après avoir proclamé la
République, se sont hâté d'élire un roi, qui, au témoignage de
M. William Fradin, rédacteur du *Diario de Manila*, journal con-
servateur, les aurait « menés généreusement à coups de trique ».
Voy. Tarrida del Marmol, p. 303, et dans la *National Review*, de
février 1897, l'article de M. John Foreman, *The Rebellion in the
Philippine Islands*, p. 822.

IV

C'est le 31 août de l'année dernière que M. Cánovas del Castillo, interrogé au Sénat sur le crédit que méritaient de mauvais bruits venus des Philippines [1], répondit : « Malheureusement on ne dit que la vérité. Il est triste que depuis quelque temps nous recevions des nouvelles peu agréables qui obligent la nation espagnole à montrer, comme elle le montrera, toute la virilité dont elle est capable contre toute espèce d'attaques et contre

[1] Le complot, qui devait éclater le 15 août, fut découvert avant le temps, on s'en souvient certainement, par la trahison d'une vieille Malaise catholique, chez laquelle se rencontraient les conjurés. L'un de leurs chefs, le métis Tung-Tao, dit à ce sujet : « Cette femme partageait nos haines et était au courant de notre plan de révolte. Un jour, elle alla se confesser au monastère d'Imus. Les prêtres la circonvinrent, et elle leur dit tout. A son retour, d'elle-même, elle nous avoua sa trahison et nous demanda la mort. Nous la tuâmes et, laissant son cadavre en pâture aux animaux sauvages, nous donnâmes à nos hommes le signal attendu. » La révolte n'en fut donc que précipitée... Voy. Tarrida del Marmol, p. 314, 315.

toute engeance d'ennemis. » Et le président du
Conseil communiquait les renseignements, encore
incomplets, qu'il avait : 1.000 soldats des troupes
indigènes avaient fait défection ; on comptait que
les conjurés devaient être au nombre d'environ 4.000 ; 2 ou 3.000 des plus audacieux avaient
attaqué les lignes qui défendent l'ample circuit
de la ville de Manille, mais ils avaient été victo-
rieusement repoussés. Cependant le gouverneur
général se hâtait de mettre sur pied un bataillon
de volontaires formé d'Espagnols de la péninsule,
d'Espagnols intransigeants, et il avait demandé
au commandant de la station navale de lui prêter
500 marins. A Manille même, la garnison était
plutôt faible : de troupes péninsulaires, il n'y
avait qu'un bataillon d'artillerie à pied et quatre
compagnies d'infanterie de marine. C'était assez
pour que la capitale ne courût point un sérieux
danger : ce n'était pas assez, au contraire, « malgré la grande intelligence militaire du capitaine
général et sa bravoure reconnue », pour restaurer
la paix dans les îles. On avait envoyé un premier
renfort ; s'il en fallait d'autres on en enverrait,
sans limites, autant que de besoin [1]. Les choses en

1 Réponse de D. Antonio Cánovas del Castillo, président du
Conseil des ministres, à la question de M. Lazaga, sur « l'altéra-

étaient là, ou, du moins, c'était tout ce qu'on en savait à Madrid ; et ce n'était pas rassurant ; car, transposées du style officiel en langage ordinaire, ces déclarations de M. Cánovas voulaient dire que Luzon était pleine d'insurgés et que le capitaine général était assiégé dans Manille.

Le gouverneur des Philippines était alors D. Ramon Blanco y Erenas, marquis de Peña-Plata ; et sa « feuille de services » prouve que le président du Conseil n'éxagérait rien en vantant « sa bravoure reconnue et sa grande intelligence militaire ». Il s'était élevé de grade en grade jusqu'au sommet de la hiérarchie, conquérant même, à force de temps et de mérite, le *tercer entorchado* — la troisième torsade sur la manche, — ce qu'on appellerait chez nous le bâton de maréchal. D'autre part, on ne saurait prétendre qu'il « ne connaissait pas le pays », puisqu'il y avait résidé une première fois, en 1866, comme aide de camp du capitaine général D. José de la Gandara, qui lui avait confié des missions importantes dans différentes provinces ; une deuxième fois, de 1868 à 1871, en qualité de gouverneur politico-militaire de Mindanao, où il avait fait beaucoup pour la colonisation;

tion de l'ordre public aux Philippines », dans la séance du Sénat du lundi 31 août 1896.

une troisième fois enfin comme gouverneur général, charge qu'il avait assumée le 8 mars 1893, à laquelle il avait joint, quelques mois après, le titre de général en chef de l'armée des Philippines, et qu'il avait, pendant trois ans passés, plus qu'honorablement remplie, ayant reçu dans l'intervalle, de la Chambre des députés, des remerciements unanimes, et du gouvernement, le « bâton de maréchal », le *tercer entorchado*, en récompense de l'heureuse issue de la campagne et spécialement du brillant combat de Marahui, qui en avait marqué le terme[1].

C'était ce vieil et vaillant soldat qui, avec deux bataillons, l'un d'artillerie, l'autre, à peine formé, d'infanterie de marine, et le petit supplément de ressources que devait lui apporter le patriotisme des purs Espagnols de Manille se trouva subitement avoir à tenir tête à une insurrection que tout annonçait formidable. Dans le malheur et la peur on accuse toujours. On reprocha durement au maréchal Blanco de s'être entêté dans l'expédition de Mindanao, d'avoir dégarni Luzon, de n'avoir rien prévu, — comme à Cuba, jadis, — de n'avoir

1 *Hoja de servicios* del Excmo. Sr. Capitan general D. Ramon Blanco y Erenas, marqués de Peña-Plata, publiée par *la Época*, n°˙ des 18 et 19 mai 1897.

pourvu à rien et, maintenant même que la capitale était comme investie, de ne rien faire et de ne rien tenter. Mais qu'avaient-ils donc prévu, ceux-là qui le lui reprochaient et dont plusieurs sans doute s'étaient réjouis naguère de voir les indigènes accourir si nombreux à la franc-maçonnerie ? A sa place qu'auraient-ils pu faire ?

Loin de mériter leurs injures et leurs délations, le maréchal ne déploya-t-il pas le courage le plus rare et qui coûte le plus à un militaire : ne pouvant utilement marcher, il sut se résigner à une immobilité que, tout autour de lui, il entendait qualifier d'étonnante, si ce n'était de scandaleuse. Ne pouvant faire davantage, n'était-ce pas déjà faire beaucoup que de ne rien faire, de ne point donner à l'ennemi l'occasion de profiter d'une faute, de ne point jeter au grand incendie cet aliment, la flamme d'une victoire ? Mais, immobile, le général Blanco n'était pas inactif ; et, dans la défensive prudente où il se renfermait, il préparait l'offensive prochaine. Il n'eut le temps que d'en esquisser le premier geste, car la clameur de ses adversaires s'élevait trop haut ; et, en lui envoyant le général Polavieja comme lieutenant, il était manifeste que le gouvernement lui envoyait un successeur. Ainsi le comprit le maréchal, qui remit ses pouvoirs et s'embarqua aussitôt pour l'Espagne [1].

Polavieja était le héros de la *Guerra chiquita*, de la petite guerre, dernière convulsion de la révolte où, dix années durant, de 1868 à 1878, et même douze années, jusqu'après le pacte du Zanjón, jusqu'en 1880, avait été en jeu, par instants peut-être en péril, la souveraineté espagnole sur Cuba. Connu pour procéder à la manière forte, il emportait aux Philippines les espérances des patriotes impatients, à qui la lenteur obligée de Blanco avait donné l'envie d'emprunter le mot fameux appliqué ailleurs à une autre expédition, et qui pensaient mourir de cette « phtisie militaire » dont tout, dans l'archipel, semblait languir. En possession de moyens que le maréchal n'avait pas, — il n'est que juste de le remarquer, — Polavieja ne laissa décevoir aucune de ces espérances : quoique malade, cloué sous sa tente par la fièvre, à demi aveugle, il agit, ne fût-ce qu'en commandant énergiquement l'action ; et, secondé à merveille par un de ses divisionnaires, le général Lachambre, il eut vite fait de chasser les insurgés

---

[1] Le maréchal Blanco a depuis lors publié un mémoire justificatif de sa conduite aux Philippines. Il faut croire que M. Sagasta et ses amis en ont été satisfaits, puisqu'ils lui ont donné le commandement de Cuba, qu'ils tenaient tant à reprendre à Weyler.

d'Imus, de Cavite Viejo et d'en purger les environs de Manille, les provinces qui sont comme le cœur de Luzon et le centre de toute la colonie.

Mais il ne lui fut pas permis d'aller au delà, et à son tour il eut un successeur en la personne du capitaine général de Madrid, D. Fernando Primo de Rivera, marquis de Estella, pour qui non plus les Philippines n'étaient pas un pays nouveau, puisqu'il en avait été précédemment le gouverneur. Primo de Rivera ne pouvait que poursuivre ce que Polavieja avait si bien commencé ; il s'y est attaché avec décision et avec bonheur : de tous côtés l'insurrection a reculé, les rebelles ont été battus ou se sont présentés à merci. Dès à présent, si l'on ne touche pas encore à la complète tranquillité, — si l'on signale même quelque recrudescence, — l'issue de la campagne n'est plus douteuse, à supposer qu'elle l'ait jamais été ; l'Espagne, vers l'Orient, n'a plus d'inquiétudes, à supposer qu'elle en ait pu légitimement avoir ; et ce n'est plus en elle-même que l'affaire des Philippines mérite de retenir l'attention de l'étranger, mais par les incidents qu'elle a vus naître, qui jettent un singulier jour sur des mœurs politiques qu'on se plaisait à croire bien améliorées, et d'où la rivalité féroce des partis n'a pas craint de vouloir faire sortir cette chose partout hasardeuse, désastreuse en Espagne, — un conflit constitutionnel.

V

Lorsqu'on se fut résolu, en octobre ou novembre 1896, à rappeler le maréchal Blanco, le bruit courut à Madrid qu'un dissentiment venait d'éclater, au sujet du choix de son successeur, entre la Reine régente et le président du Conseil. M. Cánovas, disait-on, eût désiré nommer dès lors le général Primo de Rivera ; la reine préférait et aurait *imposé* le chef de sa maison militaire, le général marquis de Polavieja. On ajoutait que Doña Marie-Christine avait exprimé en termes très nets et assez vifs la pensée de tout le monde, qu'aux Philippines comme à Cuba il était temps d'entrer dans la période d'action, de frapper un coup et d'en finir. Tel était bien, en effet, le sentiment public, et même il ne s'arrêtait pas là, prêtant aux généraux, pour ne pas bouger de leurs quartiers, — injuste sans doute comme il l'est souvent, — des raisons qui n'étaient pas d'absolu désintéressement. Mais que la Reine eût pris sur elle de s'en faire l'interprète tout haut en plein Conseil et « d'imposer » le général Polavieja, il y avait à cela bien des invraisemblances, dont la première était qu'elle s'y fût déterminée, et la seconde que M. Cánovas del Castillo l'eût accepté.

Vraies ou fausses, pourtant, la presse entière commentait et amplifiait les paroles de la régente. Elle ne se faisait pas scrupule de mettre en opposition la Reine et son premier ministre, et de cette opposition prétendue déduisait, ce qui était pour elle l'important, que le cabinet n'avait plus la confiance de la Couronne. M. Cánovas répondit par une note publiée dans le journal *la Época*, marquée de sa griffe, quoique, bien entendu, non signée, et dont le sens était : « Certaines feuilles osent placer dans la bouche de la Reine régente une phrase qu'elle n'a pas prononcée et ne pouvait pas prononcer. Sa Majesté connaît trop ses devoirs constitutionnels pour avoir tenu un propos que, malgré tout son respect envers le trône et la personne royale, si, par impossible, il eût été tenu, le président du Conseil n'eût pu entendre sans protester. »

Les gens qui veulent à tout prix et sur toute

chose être les mieux informés ne bornaient pas à si peu l'indiscrétion. Quelqu'un qui le savait de source sûre les en avait avertis : la Reine avait besoin de se faire violence pour supporter la rude et lourde main, le ton tranchant, les manières cassantes, l'orgueil, *la soberbia*, la mauvaise humeur enfin, — le légendaire *malumor !* — de M. Cánovas, serviteur qui parlait en maître. Cependant Polavieja partit. En quelques mois, il livra plusieurs combats et remporta autant de victoires. La presse, patriote dans tous les camps, les enregistra avec satisfaction; mais, tandis que les journaux du ministère, sans les taire ni les rabaisser, ne les exaltaient pourtant point outre mesure, les journaux de l'opposition, au contraire, les grandissaient jusqu'à l'épique, enflaient l'éloge, et faisaient du vainqueur un triomphateur, à ce point (et dans un dessein si prémédité) qu'on eût cru, à les lire, que ce n'était pas les *Tagals* insurgés que le général venait de battre, mais M. Cánovas et son cabinet qu'il venait d'abattre.

Que fut-ce donc, quand, Polavieja ayant demandé à être relevé de son commandement pour cause de santé, plutôt que de s'en rapporter à lui et à ses médecins, on eut le moyen d'ajouter à sa gloire cette suprême consécration : l'ingra-

titude apparente du pouvoir et, après en avoir fait
un triomphateur, quand on a pu en faire une
victime ! Vainement le gouvernement lui décer-
nait la grande croix pensionnée de San-Fernando :
l'opposition, toutes les oppositions, — car ce
n'était pas seulement les libéraux et les dissidents
de M. Silvela : les carlistes mêmes en étaient, —
lui donnaient rendez-vous à Barcelone, où elles
s'empareraient de lui et, revenant avec lui,
donnaient au ministère rendez-vous à Madrid.

Au demeurant, elles disposaient de lui sans lui ;
on ignorait encore ce qu'il ferait ; s'il ferait rien ;
et tout un passé de correction militaire eût dû
empêcher de penser qu'il fût homme à devenir
l'instrument ou l'épée d'un parti politique. S'il
y a dans l'armée espagnole un officier qui ne soit
pas et qui ne puisse pas devenir un général de
pronunciamientos, tout son passé garantit que
c'est Polavieja. En cette circonstance même, avant
son départ de Manille, après son arrivée à Barcelone, il avait, à la vérité, adressé à la Reine
régente et au jeune Roi des télégrammes un peu
exubérants ; mais comment attendre trop de retenue dans un pays où l'on trouve tout naturel
qu'un chef de corps, à plus forte raison un chef
victorieux, en son nom et au nom de ses troupes,

fasse acte public d'*adhésion inconditionnelle*, comme ils disent, au souverain et à la monarchie ? Nous estimerions, nous, avec nos idées là-dessus très sévères, que ce trait de discipline est, au fond, destructif de la discipline ; que l'affirmation jugée utile suppose la négation possible ; et que, dans un autre sens que d'autres, c'est en somme un *pronunciamiento* comme un autre. Mais il s'agit de l'Espagne, où la morale d'État n'exige pas de l'armée qu'elle soit « la grande muette ».

Heureusement le général qui revenait était Polavieja ; s'il eût eu la tête moins solide, elle lui eût tourné au bruit des acclamations et des fanfares. N'avait-on pas organisé pour lui une poste de bicyclistes qui, de relais en relais, plus rapide que le train express, devait apporter à Madrid une dépêche qu'il avait rédigée et signée ? Cette dépêche, à qui serait-elle remise, sinon à la Reine, et qu'espérait-on voir dans ce qu'il y dirait, sinon ce qu'il ne pouvait dire ? D'ailleurs ne le fêtait-on pas en prose et en vers ; dans les collèges des jésuites, la veine poétique des maîtres et des élèves ne s'échauffait-elle pas en son honneur [1] ? Malgré la Reine, dont le tact féminin et la

[1] Par exemple, au collège de Santo-Domingo, de Orihuela. Le programme de cette « soirée littéraire » était des plus édifiants.

raison virile répugnent également à ces exagérations, malgré lui-même, peu à peu, grâce aux bonnes âmes qui s'y employaient de leur mieux, Polavieja prenait dans l'imagination du peuple espagnol, — et Dieu sait qu'aucun peuple n'en a davantage, — les allures d'un chevalier de conte qui accourt pour délivrer une princesse infortunée, prisonnière d'un affreux dragon. On pense bien que, son retour devenant si hautement symbolique, le ministère l'accueillit avec politesse, mais sans empressement ni cordialité. De la station le général se rendit tout droit au palais royal. Alors se passa l'incident du balcon. La Reine régente, le roi Don Alphonse XIII, les princesses, ses sœurs, et l'infante Isabelle, sa tante, se seraient mis à une fenêtre pour le regarder partir par la *Plaza de Oriente*, et lui, debout dans sa voiture, au milieu de la foule, aurait agité son panache, en criant : « Vive la Reine ! Vive le Roi ! »

Et quand il l'aurait fait ? Et quand ils s'y seraient

Les différents tableaux étaient *le Katipunan, Malheur à l'Espagne ! Jour lugubre* (la patrie pleurait), *Arc-en-ciel* (la reine désignait Polavieja), *In hoc signo vinces !* (Polavieja distribuait à ses soldats une médaille de l'Immaculée-Conception), *L'arrivée au Pasig, Mort aux traîtres !* (on fusillait Rizal), *Dieu m'éclaire !* (Polavieja, à la nuit close, veillait devant le Très Saint Sacrement dans la cathédrale de Manille). Et tout finissait, comme de juste, par une apothéose.

complu ? Hors de Madrid et du petit cercle où s'élabore la politique espagnole, l'importance de la démonstration échappe ; mais à Madrid, dans les antichambres du Palais, dans les couloirs du Parlement, le soir, dans les cafés, les clubs et les *tertulias*, ce fut tout un événement. Il fallut que la régente priât M. Cánovas d'expliquer que sa présence à la fenêtre n'était que cas fortuit ; que cette fenêtre, le petit roi l'avait ouverte en jouant, que ses sœurs l'y avaient suivi, que l'infante Isabelle avait suivi ses nièces, qu'elle-même avait suivi l'infante ; mais qu'il y avait, à ce moment, trois quarts d'heure qu'elle avait congédié le général Polavieja et qu'elle le croyait bien loin. — O misère des petits rois qui jouent, et des reines qui, se souvenant trop qu'elles sont mères, oublient une minute que, par une fenêtre ouverte dans un palais royal, on ne sait jamais, en notre temps, quelles fidélités peuvent sortir, ni quels malheurs peuvent entrer !

C'est en cet état des esprits que les Chambres se réunirent le 20 mai :

Une heure après, Ruy Diaz avait tué le Comte,

je veux dire que le duc de Tetuan, ministre des affaires étrangères, avait souffleté le sénateur

libéral, M. Comas. M. Sagasta relevait l'injure ;
tout le parti « se retirait », faisait le vide autour
du gouvernement et de sa majorité, retournait à
la tactique révolutionnaire, ouvrait la crise la plus
grave que l'Espagne eût traversée depuis la Restauration, compromettait dix-huit ou vingt ans de
sagesse ; tandis que M. Cánovas faisait voter en
hâte les projets urgents, expédiait l'interpellation
de M. Romero Robledo sur la révolte des Philippines [1], prorogeait le Parlement et remettait à la
régente la démission du cabinet, la forçant à un
choix redoutable, où peut-être la femme pencherait
d'un côté et la reine de l'autre, entre lui et l'inconnu. Tout cela parce que, à la fin de 1896, le
général Polavieja avait été envoyé à Manille, au

[1] Cette interpellation avait pour objet principal les confisca-
tions de biens ordonnées par Polavieja. On a accusé le général
d'avoir, dans la répression, montré une vraie dureté ; il semble
tout au moins qu'elle ait été très sévère. Mais que faut-il retenir des
récits suivant lesquels la mort même, dans plus d'un cas, aurait
été précédée de la torture (récit du métis Tung-Tao rapporté
par M. de Varigny et M. Tarrida, p. 314 et suiv.)? On n'en croirait
rien, si l'on ne savait trop avec quelle sauvagerie ces races non
civilisées se conduisent, — voyez le récit même de Tung-Tao :
— « Les moines furent pendus ou noyés, mort douce à tout
prendre ; seul le confesseur de la vieille fut découpé en morceaux. »
— Tarrida, p. 315), et avec quelle rapidité les civilisés, fût-ce en
des jours et des régions plus calmes, retournent à la sauvagerie.
Tous les « coloniaux » de bonne foi l'avoueront, Allemands,
Anglais, Français ou Espagnols. Et nous ne disons pas qu'il en
soit ni qu'il en puisse être autrement, mais qu'il n'y a pas de
quoi être si fiers de la civilisation, ni, en général, de l'humanité.

lieu du général Primo de Rivera ; parce que, au commencement de 1897, Primo de Rivera y avait été envoyé en remplacement de Polavieja. Et les journaux d'un parti publiant la « feuille de services » d'un de ces généraux, ceux du parti adverse ripostaient : Feuille de services du maréchal Martinez Campos, — du maréchal Blanco, — du général Weyler ; comme s'ils se les fussent montrés, en s'en menaçant, et comme s'ils se disaient : « Vous avez celui-ci, mais nous en avons d'autres, et qui le valent bien. Essayez ! »

Le choix fut fait : entre M. Cánovas et l'inconnu, la reine, en toute liberté et, selon la formule, « de sa certaine science, puissance et autorité », se décida pour M. Cánovas. Éclairée par tous les avis qu'elle prit, elle se rendit compte que, dans les circonstances difficiles par où passait l'Espagne au dedans et au dehors, il n'était pas, pour s'y appuyer, un bras plus sûr, et ce n'était pas un bras trop fort que celui qui avait relevé le trône. Elle maintint solennellement sa confiance aux conservateurs, qui restèrent aux affaires avec les mêmes hommes et le même programme ; et aussi bien, puisque cette question de confiance était devenue nécessaire, il valait mieux qu'elle eût été ainsi posée : désormais on ne pouvait plus parler d'arrière-pensée, de secret désaccord, de contre-politique, de gouvernement occulte, et, quoi qu'il arrivât du fait des partis mécontents, la crise constitutionnelle, en ce qu'elle menaçait d'avoir de plus dangereux, était ou conjurée ou réduite : elle n'eût pas trouvé le pouvoir exécutif divisé ; elle eût trouvé la Couronne et le cabinet en parfaite union, — union rajeunie et à nouveau scellée, — de vues, d'intérêts et de sentiments.

Aujourd'hui, comme alors, le problème colonial demeure au premier plan. Quand, dans quelle mesure, comment appliquera-t-on les réformes à Cuba, et qui les appliquera ? Aux Philippines particulièrement, tâchera-t-on d'introduire des réformes, et lesquelles ? Jusqu'à quel point le maréchal Primo de Rivera partage-t-il l'opinion du général Polavieja sur l'avantage qu'il y aurait à séparer les Philippines en deux capitaineries et deux gouvernements généraux, avec deux capitales, l'une à Manille, l'autre dans les Visayas, à remanier les circonscriptions provinciales, à déplacer quelques chefs-lieux, à instituer surtout, dans l'archipel même, un Conseil supérieur qui ferait là-bas ce qu'auparavant on prétendait faire de Madrid ? Comme Polavieja le demandait encore, revisera-t-on le code pénal et la loi municipale; supprimera-t-on les juges de paix indigènes; modifiera-t-on l'impôt des cédules, en élevant la cote des riches et en abaissant celle des pauvres; augmentera-t-on la paye fixe des gouverneurs, en leur enlevant le tant pour cent qu'ils touchent sur la perception des impôts?

Ce sont, après tout, des détails. Dans l'ensemble, la conclusion du général Polavieja était : « L'administration ne doit pas être uniforme, mais, au contraire, variée suivant l'état des provinces ; il serait bon d'ajuster la législation à la manière d'être de la race pour laquelle on fait des lois, en s'inspirant toujours des coutumes des Indes, *las leyes de Indias*, unique fondement rationnel de tout gouvernement aux Philippines. » Et c'est, sous une autre forme, ce que d'autre part — et d'un autre parti — on nous avait dit : « La qualité essentielle d'un gouvernement étant de répondre à l'état social et mental du peuple pour qui il est fait, le gouvernement qui conviendrait aux Philippines serait celui dont les éléments seraient combinés et dosés d'après le caractère, l'intelligence et le degré d'éducation des indigènes. »

Des trois politiques qu'on peut concevoir : le *statu quo*, la marche en avant, et la réaction, la première est impraticable, et l'insurrection le prouve ; la seconde est chimérique, étant donné l'état social et mental de la race qui habite l'archipel ; la troisième seule est possible : celle qui consiste à laisser à ce peuple encore enfant des institutions à sa taille, à ne pas vouloir l'affubler des formes de l'Occident moderne, dans lesquelles il s'empêtre et trébuche [1]. C'est cette troisième politique qui est le plus généralement acceptée, au moins en Espagne, car il se peut qu'aux Philippines on en souhaite une autre. Elle implique une résistance absolue aux idées qui se sont récemment fait jour et forment comme le résumé des revendications actuelles, aux idées, modernes et occidentales, d'autonomie, de suffrage et de représentation dans le Parlement de la métropole. Elle implique même un retour en arrière et, bien que le mot sonne mal, une « réaction » par rapport aux aventureux et malencontreux essais des dernières années, dont l'effet s'est montré si radicalement contraire à ce qu'on avait espéré. Toute la question

[1] Voyez la série d'articles de D. Joaquin Maldonado Macanaz et, dans *la Época* du 30 octobre 1896, une lettre du directeur du *Diario de Manila*, don Manuel Maria Rincón. — Voyez aussi les brochures *Folletos filipinos*, de don Wenceslao E. Retana, ainsi qu'un petit écrit de don Vicente Belloc y Sanchez : *Los Misioneros en Filipinas, sus relaciones con la civilización y dominación española* ; Madrid, 1895.

est une question de mesure : reculer jusqu'où en est ce peuple, et non pas plus loin. Ce qu'il y a à faire, on le voit, en somme, assez clairement ; c'est de le faire qui n'est pas aisé.

Et le cas se complique de ce que beaucoup voudraient que ce gouvernement d'un autre temps fût, par surcroît, de notre temps, devant être, disent-ils, civil et laïque. Civil : mais l'épreuve dont la domination espagnole sort à peine condamne l'archipel pour longtemps encore au régime militaire ; ce n'est pas au lendemain d'une insurrection, et quand on ne sait pas si les feux en sont tout à fait éteints, qu'on rase les remparts et qu'on retire les sentinelles. Laïque : mais on a vu quelle est la singulière situation religieuse et politique des Philippines, situation unique au monde, et qui oppose l'une à l'autre ces deux seules forces : les ordres et la franc-maçonnerie ; en dehors d'elles, en face d'elles, rien que l'administration ; et tantôt l'une, tantôt l'autre, ce sont elles qui la font mouvoir. Si les loges maçonniques ont eu dans la préparation de la révolte le rôle qu'on a indiqué, si elles ont été, — il ne s'agit point des intentions, mais des résultats, — de véritables foyers de haine contre l'Espagne, à leur égard la conduite du gouvernement espagnol est toute tracée : il n'a pas à les ménager. Mais ce n'est que la moitié de la besogne : elles lui ont aliéné l'Indien, il lui faut le reconquérir, et voici le cercle vicieux où il va tourner.

C'est en l'excitant contre les moines, en lui faisant croire que l'Espagne, c'étaient les moines, et que les moines, c'était l'Espagne, en les lui donnant, eux et elle, comme une seule et même chose, qu'on a détaché l'Indien non seulement des moines, mais de l'Espagne. Et à présent, pour le reprendre, pour opérer cette *reconquista del Indio* qui est jugée indispensable, urgente, pour rattacher l'Indien à l'Espagne, on ne peut se servir que des moines, parce qu'il n'y a qu'eux qui connaissent assez bien le pays et les indigènes, la langue, les coutumes et les mœurs : parce que de tout ce qui est espagnol il n'y a qu'eux qui, avant qu'on les en arrache, aient un peu pénétré et poussé des racines en cette terre[1]. Il suit de là qu'on ne peut ni se passer des ordres, ni s'en remettre trop ostensiblement aux ordres ; que la politique espagnole ne peut ni se faire par eux, ni se faire sans eux. Et c'est une grande difficulté, si grande qu'il n'y aurait presque pas de paradoxe à conclure que pour l'Espagne la guerre aux Philippines est moins embarrassante que la paix.

Disons simplement que les embarras et les

[1] Voyez Maldonado Macanaz, Rincón, Belloc y Sanchez, etc.

soucis de l'Espagne n'y prendront pas fin avec la fin de la guerre et que, la paix ramenée, il restera, par des moyens qui portent et pour un temps qui dure, à assurer la pacification. En termes plus abstraits, mais tout aussi exacts, il restera à faire du présent avec du passé et à en tirer de l'avenir ; c'est l'œuvre même de la vie ; mais peut-être les Espagnols se sont-ils toujours mieux entendus à batailler et mourir qu'à vivre et organiser.

CHAPITRE IV

D. ANTONIO CÁNOVAS DEL CASTILLO

L'HOMME ET LA VIE

I

Le problème est d'autant plus ardu, l'heure est
d'autant plus redoutable que, dans un imbécile et
odieux guet-apens, vient de disparaître le seul Espagnol qui de nos jours ait su rendre à l'Espagne
la vie et lui donner un semblant d'organisation.
Si jamais à un homme d'État la mort a pu apparaître en libératrice, certes il ne manquait pas de
raisons, — on l'a observé justement, — pour que
ce fût, quand la première balle l'a frappé, à
M. Cánovas del Castillo. Et, s'il lui a été donné de
se reconnaître, si dans ce puissant esprit s'est
faite la suprême lucidité de la fin, sans doute ces
raisons ne lui ont-elles pas échappé. Castelar l'a

dit devant son corps sanglant : « En ces derniers
temps, il portait à lui seul la croix de tous les
Espagnols. » C'est vrai : à lui seul, en ces derniers temps, il portait toutes les croix de l'Espagne.
Deux guerres aux deux bouts opposés du monde,
deux armées à lever et à entretenir ; avec le souci
de vaincre, celui d'éviter des complications redoutables, et, avec celui de sauver les colonies, le
souci de les réorganiser ; par-dessus les périls et
les menaces du dehors, les embarras et les misères
du dedans : des centaines de millions à tirer d'un
pays qui semblait épuisé, le carlisme renaissant
et déclarant ne faire trève que par une sorte de
pitié chevaleresque envers un roi enfant sous la
tutelle d'une femme et de pitié patriotique envers
l'Espagne malheureuse ; les républicains agités ;
les socialistes enhardis ; les anarchistes, hélas !
plus nombreux et plus furieux que nulle part ; çà
et là, dans l'est et le midi, des rappels, des réveils du fédéralisme, du cantonalisme : des grèves,
des refus de payer l'impôt, des tentatives d'émeute,
des promenades de bandes mêlées de partisans
et de brigands ; au Parlement, les libéraux qu'on
s'était habitué à croire rompus aux pratiques
purement constitutionnelles, retournant à la
vieille tactique, retombant dans la manie révolu-

tionnaire du *retraimiento* ; des défections, presque des trahisons d'anciens amis, d'héritiers pressés de jouir ; autre « chose d'Espagne », des rivalités et des ambitions de généraux, des intrigues où la mauvaise foi politique ne craignait pas de traîner le nom d'une personne dont l'unique soin et l'unique défense consistent à demeurer étrangère, supérieure à toutes les intrigues ; des menées si ténébreuses qu'il avait fallu éclairer la situation d'un jour cru, et de soi-même, au risque de provoquer une crise qui n'eût sans doute pas été un simple changement de ministère ; poser, non pas aux Chambres, mais à la Couronne, la question de confiance ; tels ont été les derniers temps et, puisque l'assassin a osé parler du « calvaire qu'il allait gravir », tel a été le calvaire de M. Cánovas. Peu de moyens de se tirer d'affaire ; pas de moyen de se retirer des affaires : oui, il se peut que tout autre, à sa place, eût, sinon désiré, du moins remercié la mort ; lui, j'en suis sûr, pas un instant, il n'a senti cette lassitude ni connu cette défaillance.

« Vous savez mes goûts, me disait-il, et que ce qui me plairait le mieux maintenant, ce serait de travailler dans ma bibliothèque et de me reposer dans mon jardin. Me voici qui arrive à soixante-dix ans, et il y en a bientôt cinquante que je suis dans la vie publique. Mais j'y suis, il faut que j'y reste, et il le faut précisément parce qu'il y a cinquante ans que j'y suis. Et puis je suis convaincu que l'Espagne a encore besoin de moi. Il suffit. Ce qu'on en peut penser m'importe peu : il n'est pour moi que mon pays qui compte : avant tout, servir mon pays. Si je n'écoutais que les miens et moi-même, je m'en irais ; mais je ne le dois ni ne le puis, ni par conséquent ne le veux : tant que l'Espagne ne m'aura pas signifié mon congé, — et elle n'a qu'une manière de me le signifier, qui serait de me refuser, pour la lutte, tout soldat et tout crédit ; — cela, tant que l'Espagne ne l'aura pas fait, quoi qu'on me dise et qui que ce soit qui me le dise, je ne m'en irai pas. »

Ces mots : « Je ne m'en irai pas », M. Cánovas les prononça lentement et comme syllabe à syllabe, les coupant, les ponctuant, en quelque façon, de ce mouvement nerveux de la bouche et de l'œil qui donnait à son visage une expression si particulière. Je ne crois pas que la figure humaine puisse marquer plus de force, consciente et réfléchie, de vouloir. Tous les traits, d'un dessin très ferme, et chaque trait en ses moindres détails, le vaste front, les sourcils épais, l'arête vive du nez,

la moustache grise aux poils rudes, tirée presque
géométriquement en ligne droite sur la lèvre puissante, le menton saillant, tout ce qui constitue
la physionomie dénonçait en celle-ci l'âme maîtresse, dominatrice, prédestinée à commander. Une
contraction habituelle, où se révélait l'incessante
tension de l'esprit, y ajoutait quelque chose d'un
peu dur, et M. Cánovas del Castillo ne mettait aucune coquetterie à l'atténuer. Jusque dans le port
de la tête, qui se redressait et se rejetait en arrière,
il y avait un air impérieux. Ce n'était pas assurément une attitude prise à dessein ; il ne la prenait
pas, il l'avait ; elle lui était si naturelle qu'on ne
l'imaginait pas et qu'il ne se voyait point autrement.

Entre tous les portraits qu'on a de lui, il en est
un qui le représente de face et qu'il n'aimait
guère : « Autour de moi, remarquait-il avec un
sourire, c'est ce médiocre portrait que l'on pré-
fère, parce que j'y parais *plus doux*. » Il ne se
cachait pas de ne pas tenir à paraître « trop doux » ;
et la réputation de sévérité, de rigueur même,
qu'on lui avait faite peu à peu sur les apparences,
il ne cherchait pas à la démentir. Plutôt passer
pour avoir la main lourde que pour l'avoir faible ;
car l'autorité n'est pas faite pour qu'on demande

humblement la permission de l'exercer : à l'entourer de formes, d'explications et d'excuses, on la compromet, on la perd : elle ne donne tout son effet que lorsque ceux qui la font mouvoir la laissent tomber de tout son poids en la laissant tomber de toute leur hauteur.

Ainsi pensait M. Cánovas, qui savait pourquoi il pensait ainsi dans l'Espagne qu'il avait trouvée. Cependant, à la longue, les rancunes et les convoitises aidant, une légende s'établissait, dont on peut dire qu'il a fini par être la victime ; légende mensongère qui ne se contentait pas de le peindre inflexible, faisait pis, et le peignait cruel. J'ignore si les anarchistes ont réellement souffert dans les cachots de Montjuich des tortures qui déshonoreraient à jamais le geôlier qui les invente et les applique, et je voudrais, avant de condamner personne, un témoignage plus impartial que le mélodramatique récit de M. Tarrida del Marmol. Mais admettons qu'ils n'exagèrent pas et que leur prison ait été, contre toute loi et tout droit, changée en martyre, que la question ait été ressuscitée pour eux par de nouveaux inquisiteurs. Supposons-le — maint exemple nous montrant de quelle inhumanité l'homme livré à lui-même est capable. — En quoi l'accusation touche-t-elle

M. Cánovas? Qui prétendrait sérieusement qu'il a ordonné, approuvé, toléré des actes aussi odieux, s'ils ont été commis et lui ont été révélés ?

N'y eût-il pas, pour qu'il ne les eût ni ordonnés, ni approuvés, ni tolérés, pour qu'il n'en fût à aucun titre ni en aucune mesure responsable, ce motif qu'ils étaient odieux, il y en aurait un autre, et c'est qu'ils étaient inutiles : ces prisonniers étaient des prisonniers, enfermés dans une citadelle qui ne lâche pas aisément ce qu'elle tient : donc impuissants, hors d'état de nuire. Or on peut, quand on est, au sens plein du terme, un homme de gouvernement, ne pas reculer devant des moyens qui feraient hésiter de plus timides : encore faut-il que ce soient des moyens de gouvernement, bons à atteindre une fin de gouvernement; dans le cas des anarchistes de Montjuich, la fin était atteinte ; il eût été absurde, puisque aussi bien il était superflu, de recourir à ce moyen qui n'en était pas un; et quiconque a vu de près le politique qu'était M. Cánovas del Castillo n'a pas besoin d'en savoir davantage.

C'était en tout, partout et toujours, un politique. Les mêmes adversaires qui lui reprochaient sa « dureté » lui ont également reproché et son « orgueil » et sa « mauvaise humeur », l'un et l'autre tenus, grâce à eux, pour proverbes en Espagne : « la *soberbia*, et le *malumor* de Cánovas ». — Mais, chez M. Cánovas, l'orgueil n'était que le sentiment de la force, et bien moins de sa force ou de sa valeur personnelle que de la force et de l'autorité de l'État, du pouvoir gouvernant dont il était le dépositaire, qui en lui ne devait pas mollir et vis-à-vis duquel il ne devait pas laisser prendre de tentantes familiarités. Son seul aspect retenait, imposait, du reste, empêchait de devenir familier ; il donnait sans effort l'impression de la grandeur, et sans raideur, en n'abaissant pas les sommets, il excellait à marquer et à conserver les distances.

On a dit de M. Cánovas que du haut de son orgueil, de cette fameuse *soberbia*, il voyait les autres tout petits et les dédaignait : mais il était trop politique pour ne pas les voir à leur taille et, obligé de se servir d'eux, pour dédaigner des gens dont il ne pouvait se passer. Nul, lorsqu'il le voulait, — et il le voulait toutes les fois qu'il n'y avait pas d'inconvénients à le vouloir, — n'eut l'accueil plus courtois, l'hospitalité plus aimable ; seulement il ne supportait pas d'être dérangé par des importuns au moment opportun : en cela sa « mauvaise humeur » elle-même était politique. Il essayait d'autant moins de la dissimuler, alors, que jamais il n'a couru, à travers les banales affabilités de la rue, après ce qu'on nomme la popularité et qu'il offrait l'exemple, si rare en nos jours, d'un homme d'État qui avait fondé et qui dirigeait une monarchie absolument moderne, constitutionnelle, parlementaire, quasi-démocratique, actionnée par le suffrage universel, et qui, néanmoins, ne se souciait pas d'être populaire.

Mais un tel homme n'était pas de ceux qui se définissent par ce qu'ils ne sont pas ; ses qualités comme les défauts qu'on lui prêtait, ses talents et — pourquoi craindre le mot? — ses vertus se rendraient mal par des négations : tout en cet homme était positif et actif, et *il était* éminemment. Ouvrez les journaux qui le combattaient : ce n'est pas une complaisance d'oraison funèbre ni un subit attendrissement devant la tombe qui leur fait vanter son patriotisme, sa foi dans les destinées de son pays, la largeur et la sûreté de ses vues, la rapidité de ses résolutions, sa persévérance dans l'exécution, sa sérénité dans l'épreuve, son éclatante intégrité, la fierté de tête et de cœur pour laquelle ceux mêmes des Espagnols qui ne l'aimaient pas aimaient et admiraient en lui ce que, par l'intelligence et par le caractère, il avait d'espagnol et comme de romain.

En des circonstances diverses, quand il vint réparer les folies de dix ans de révolution, apaiser les discordes civiles, guérir tant de plaies de sang et d'argent, quand il tint bon contre l'Allemagne de Bismarck dans le conflit des Carolines et contre les États-Unis dans les insurrections de Cuba, en plusieurs autres occasions encore, il fut vraiment le Consul qui ne désespère pas de la république. Si graves que fussent les difficultés, elles le trouvaient impassible; et, plus il s'y heurtait, plus il rebondissait, pour ainsi dire, et s'élevait. Quelque force ennemie qu'il rencontrât en face de lui, il se sentait autant de force, qui n'était pas seulement sa force à lui, mais la force, ramassée et vivante en lui, de l'Espagne qui avait été, qui était, et, il le voulait de toute sa puissance de vouloir, qui serait.

« Il en est de la patrie, disait-il, comme de notre père et de notre mère : on est pour elle, avec raison et sans raison. » Il savait bien qu'elle n'était plus la triomphante, la conquérante, l'impériale Espagne des temps passés ; mais, confiant en des jours plus justes, il avait sa façon de ne pas l'humilier, qui était de se réserver, de ne pas la conduire en des compagnies où l'insolence des parvenus ne l'eût admise que par faveur et au bas bout de la table. L'an dernier encore, comme on le poussait indiscrètement à rechercher certaines alliances, il répondait : « Ce à quoi je ne consens pas, c'est à des sollicitations contraires à la dignité espagnole : ce que je ne fais pas, c'est d'aller de porte en porte chez les ambassadeurs demander aide et assistance, sitôt qu'une crise survient. »

Il n'allait pas de porte en porte quêter des alliances, parce qu'il n'y voulait pas mener avec lui l'Espagne de Charles-Quint et de Philippe II ; mais, s'il était à ce point susceptible et à ce point résigné sur ce que l'Espagne ne pouvait pas faire, tout ce qu'elle pouvait faire, il n'en était que plus prompt et plus opiniâtre à l'exiger. Elle souffrait qu'il l'exigeât, car il y avait deux choses en M. Cánovas dont l'envie elle-même, — l'envie qui, selon un de ses biographes, le suivait comme son ombre, — ne s'est jamais permis de douter : ce patriotisme d'abord, tout à la fois ardent et raisonné, instinctif et tiré de l'étude profonde de l'histoire, physiologique, autant qu'un sentiment peut l'être, et hautement intellectuel ; ensuite l'inattaquable probité, l'absolu désintéressement, — puisqu'il paraît que c'est maintenant une vertu qui mérite d'être louée en un homme d'État.

M. Cánovas del Castillo ne se répandait pas

volontiers en confidences sur sa vie ; et, les deux ou trois brochures que, malgré lui, on a publiées, ce n'était pas par lui qu'on pouvait les avoir. Un jour, pourtant, que nous en causions, il me dit : « Un de mes concitoyens de Malaga, qui veut me faire honneur, raconte que, jusqu'à un âge avancé, je n'avais jamais vu cinquante mille francs ensemble. Il me comble. Si fait ; je les avais vus ; pas bien des fois, mais je les avais vus. »

Sa jeunesse avait été pauvre, il n'en rougissait pas ; la fortune était venue enfin embellir sa vieillesse ; elle ne l'avait pas changé. Elle avait passé près de lui sans qu'il fît rien pour croire qu'elle était à lui. Ce qu'il en aimait le mieux, c'était, avec le charme qu'elle avait mis dans sa demeure, ses livres, ses bronzes, ses fleurs, ses oiseaux. Depuis de longues années déjà, l'homme qu'on disait si ambitieux, impérieux et dur, qui, disait-on, avait le don, le goût et le besoin du commandement ; ce président du Conseil qui, murmuraient les jaloux, ne pouvait supporter de ministres à ses côtés et voulait être, lui seul, le ministre universel ; ce despotique serviteur qui courbait sous son joug — on l'insinuait — même les rois, ses maîtres ; qui donc enfin ? celui que les pamphlets montraient, maniaque sanguinaire, occupé à faire tor-

turer les prisonniers de Montjuich — et qui assurément n'était pas cet homme-là, mais qui, si l'on
veut, avait eu, et paraissait toujours avoir quelques
parties de cet homme-là : l'amour du pouvoir, le
besoin de commander — M. Cánovas, n'aspirait
qu'à un coin de fraîcheur, en face d'une pelouse
verte, contre le mur de sa maison. Il jurait : « Je
ne m'en irai pas », estimant ne pouvoir partir
sans trahir ; mais son vœu le plus cher était de
pouvoir bientôt s'en aller tranquille, certain qu'avec
lui ou après lui, du même coup, la monarchie et
l'Espagne ne s'en iraient pas.

II

Sa tâche ainsi achevée, dans ce repos bien gagné, M. Cánovas eût pu lire un livre glorieux qui eût parlé de lui, où il y eût eu peu de pages vides, où trois ou quatre eussent été de très grandes pages. Il eût pu y revoir et y refaire en raccourci le chemin parcouru du point de départ au point d'arrivée. Seize ans : il quittait la ville natale et rejoignait à Madrid son ami José de Salamanca, comme lui riche d'espérances, qui lui procurait un emploi dans les bureaux de la Compagnie du chemin de fer d'Aranjuez. De temps en temps, il faisait visite à son oncle, le Solitaire, *El Solitario*, le poète D. Serafin Estebanez Calderon, dont la protection s'étendait sur lui, capricieuse et souvent ironique, bonté fantasque qui ne l'en touchait pas moins et à laquelle, plus tard, il a rendu pieusement hommage. C'étaient les jours de l'Uni-

versité, où il se liait d'affection avec deux de ses
futurs émules en politique, Castelar et Martos, qui
tous deux aussi devaient devenir ministres, présidents du Conseil et académiciens. L'étude du droit
n'emplissait pas toutes les heures et, le soir, une
gaie *tertulia* s'assemblait dans la Calle de la Montera, au petit café de *La Esmeralda*. Là, autour
d'une carafe d'eau claire, on réformait la politique et on renouvelait la littérature. Là, pendant
un hiver, quelqu'un s'était assis à la table voisine, qui écoutait, ne soufflait mot, et que l'on prenait pour un espion. Nettement averti qu'il gênait,
il avait dit : « Je ne reviendrai plus », mais en se
retirant, avait laissé tomber cette prophétie : « Il
y en a un de vous, — il le désigna, c'était Cánovas, — qui occupera les plus hautes charges et
donnera des lois à son pays; » puis il avait remis
sa carte : Joaquin Maria López, le célèbre orateur
parlementaire.

Vingt ans : les promesses commençaient à s'accomplir; Cánovas débutait dans le journal *La
Patria*, dans le recueil *Las Novedades*; vingt-six
ans : les portes de la Chambre cédaient devant lui,
et, à trente ans, cédaient les portes de l'Acadé-
mie. Et la course se précipitait : Cánovas rédi-
geait le manifeste de Manzanares, jetant en des

voies moins étroites ce qu'avait de moins vieux le vieux parti conservateur, acceptait des fonctions au ministère d'État, allait à Rome comme chargé d'affaires, devenait gouverneur civil de Cadix, directeur général de l'administration, terminait par la pratique son apprentissage, et à trente-six ans, en 1864, dans le cabinet formé et présidé par Mon, recevait, ministre pour la première fois, le portefeuille de l'intérieur. Dès cette première fois qu'il fut ministre, le cabinet, formé et présidé par un autre, prit son nom : on l'appela le ministère Mon-Cánovas. En 1865, sous O'Donnell, il passe aux finances et aux colonies ; il y marque sa présence par un acte considérable : c'est lui qui signe le décret instituant une enquête sur les conditions du travail à Cuba et Puerto Rico, d'où devait sortir l'abolition définitive de l'esclavage. Les années qui suivent s'écoulent en discussions contre les fautes de Narvaez et de Gonzalez Bravo, jusqu'à ce qu'éclate la révolution de 1868. Elle surprit M. Cánovas del Castillo, si toutefois elle le surprit, dans les archives de Simancas, où il se délassait, se consolait et se retrempait par l'histoire. Cette date, comme il l'a dit, « ouvrait une parenthèse dans sa carrière ». Comme il l'a dit, il « touchait à l'âge de la pure raison » ; il allait avoir quarante ans, et il était tout plein de pensées qui avaient mûri. La parenthèse ouverte se refermera ; mais cependant, dans la méditation et la retraite, c'est l'œuvre de la vie qui s'ébauche.

M. Cánovas, de loin et sans s'y mêler, suit les événements. Avec cette clairvoyance qui est un des dons de l'homme d'État, il observe et voit venir, du fond de l'inconnu, l'inévitable. Il voit débarquer à Carthagène le roi élu, Amédée de Savoie, et, trop monarchiste pour lui créer des embarras, il est trop avisé pour répondre aux avances qu'on se hâte de lui faire : il connaît trop son pays pour ne pas deviner que cette dynastie étrangère ne peut prendre en terre espagnole ; il attend. Le duc d'Aoste retourne en Italie, la république est proclamée. M. Cánovas attend et ne s'étonne pas : il voit venir, il voit passer Pi y Margall, Salmeron, Castelar, Pavia, Serrano, et, derrière eux, s'approcher cet inévitable, auquel il s'est patiemment préparé. Martinez Campos en avance l'heure à Sagonte ; mais le manifeste de Sandhurst est tout prêt (chaque période de sa vie publique a pour prologue un manifeste). M. Cánovas est, par lettre royale, investi de la régence, et les pensées mûries dans la solitude des archives de Simancas se concentrent et s'expriment en ces paroles, elles-mêmes historiques : « Je viens continuer l'histoire d'Espagne. »

Au delà, en effet, l'histoire d'Espagne continuait. La Restauration en finissait à l'intérieur avec les carlistes, à l'extérieur avec les insurgés cubains. Mais ce n'était pas tout, c'était peu d'avoir ressuscité la monarchie : il fallait la rendre vraiment nationale et constitutionnelle, la doter des organes indispensables à un gouvernement de ce siècle, instruire et guider un jeune prince grandi dans l'exil, improviser un personnel, corriger les mœurs politiques; former, réformer, transformer; faire, des partis en armes, des partis de parlement et de tribune, les attirer dans la légalité, discipliner le sien et aider à l'éducation des autres; après s'être créé une majorité, créer à cette majorité une opposition, et après l'avoir créée, par une dernière habileté, que tout le monde ne comprendrait pas, la lier sans retour à la monarchie, en lui remettant à son tour le pouvoir. Non seulement le décor et la pompe, mais toute la réalité du pouvoir; lui démontrer qu'il y avait pour elle quelque chose à faire avec ce régime; qu'elle pouvait introduire dans le fait par la loi une partie au moins de ses principes et de ses aspirations; la combattre peut-être quand elle proposait tel ou tel article, mais s'incliner, une fois l'article voté, et surtout, le tour des conservateurs revenu, ne point songer à défaire ce que les libéraux avaient fait : considérer comme droit acquis même le droit acquis contre soi ; par là « monarchiser » l'opposition et « libéraliser » la monarchie ; le dessein n'en était ni vulgaire, ni aisé : M. Cánovas le conçut et le mena à bien.

En vain, la fatalité, sur sa route, ajouta des obstacles aux obstacles prévus : il dut faire franchir à la monarchie le pas redoutable de la mort prématurée du roi, alors qu'une énigme se posait et que l'on ne savait pas quel serait le successeur à ce trône relevé d'hier et si vite vacant. L'énigme résolue, il restait à pourvoir aux nécessités d'une régence qui devait durer toute une minorité royale et être exercée par une femme, mettant à profit le malheur même, de telle sorte qu'au lieu d'ébranler la monarchie, cette régence lui fît gagner du temps, l'implantât, la consolidât. M. Cánovas en sortit par un coup de génie ; et de même que, pour parfaire la Restauration, il n'avait pas hésité à céder la place à M. Sagasta, de même, pour opérer sans accident la transmission de la couronne, il n'hésita pas à s'en remettre aux libéraux, les liant à nouveau et intéressant au succès leur loyalisme plus récent. Le danger ne pouvait guère venir que d'eux, eux seuls, entre les partis d'opposition, représentant un ordre légal et non l'anarchie ; ce danger, en les chargeant de le vaincre, M. Cánovas le supprimait.

Le temps passe : la Régence s'assied et s'affirme, solide, pacifique, bienfaisante. Mais voici revenir des jours difficiles : Cuba encore révoltée et les Philippines soulevées, le Trésor anémié, les bourses étrangères fermées, l'administration accusée ou soupçonnée. Les camps opposés se défient à coups de généraux ; les uns déclament, les autres conspirent ; les libéraux, après dix-huit ans de sagesse, sortent de la Constitution, remontent sur le Mont Sacré ; la reine est inquiète et indécise ; l'Espagne est secouée comme par un tremblement de terre ; il semble que tout soit à recommencer. Et vieux, mais oubliant son âge, M. Cánovas recommence, ou plutôt, fidèle à la parole donnée, il « continue l'histoire d'Espagne ». Il la continue dignement, noblement, frappant le sol et en faisant surgir des hommes et de l'argent, malgré tous ceux qui l'abandonnent, changeant en deux années épiques ces deux années terribles, attentif à la garde du roi et du pays, jusqu'à ce que la balle d'Angiolillo le couche dans ce repos sans fleurs et sans livres qui n'était pas celui qu'il rêvait, et qui sera le seul qu'il ait connu.

Si l'Espagne lui paye ce qu'elle lui doit, elle dira qu'il lui a donné vingt-trois ans d'un régime meilleur qu'elle n'en avait eu depuis des siècles, une Restauration qui n'a point versé de sang ni fait couler de larmes, qui s'est abstenue de représailles, et qui lui vaut plus de libertés qu'une révolution. Les rois chargeront de titres et d'honneurs la veuve et les neveux de ce ministre [1], qui, plus qu'un dictateur avec l'épée, fut avec l'esprit un faiseur de rois et qui, plus que de la Toison d'Or et de tous ses cordons et de toutes ses plaques, était heureux d'avoir à montrer deux souvenirs : une photographie de la famille royale, portant, au bas, cette dédicace : « A don Antonio Cánovas del Castillo, une famille espagnole reconnaissante », et une cassette renfermant un exemplaire sur parchemin de l'enquête de 1865, qui aboutit à l'émancipation des nègres de Cuba. « Je ne demande pas de miracles aux gouvernements, s'écriait jadis M. Castelar, parce que j'ai vu de près le gouvernement. » On serait tenté de dire qu'il y eut parfois du miracle, dans

____

[1] On sait que le nom de l'éminent homme d'État a été, par décret récent, érigé en titre du royaume, avec grandesse de première classe et qualification de duché héréditaire : ducs de Cánovas del Castillo.

ces vingt-trois ans de Restauration, si, manifestement, tout n'y était pas le travail d'une intelligence admirable, servant une admirable volonté.
Et l'on conviendra que l'épithète s'applique ici sans
hyperbole, pour peu que l'on ne perde pas de vue
que l'homme qui a trouvé le temps de tant agir a,
d'autre part, trouvé le temps de tout apprendre;
qu'étant le premier politique de l'Espagne contemporaine, il en a pareillement été l'un des premiers
orateurs, l'un des premiers philosophes et l'un
des premiers historiens.

III

C'est Posada Herrera, si je ne me trompe, qui, avec plus de malice que de vérité, a dit de M. Cánovas qu'il était : « un orateur du premier ordre, un homme d'État du deuxième, et un écrivain du troisième ». Tout au plus pourrait-on souscrire à ce jugement sommaire, si en M. Cánovas écrivain on ne retenait que le poète et le romancier. Mais M. Cánovas écrivain ne s'est jamais identifié avec son roman et ses poésies, qui n'ont jamais été pour lui que les occupations, les obligations ou les distractions de sa jeunesse, un travail à tromper la fatigue des travaux sérieux [1]. On tient là le trait

---

[1] Don Antonio Cánovas del Castillo, *Obras, Coleccion de escritores castellanos*. — *Estudios del reinado de Felipe IV*, 2 vol. — « *El Solitario* » *y su tiempo (Serafin Estebanez Calderon)*, 2 vol. — *Problemas contemporaneos*, 3 vol. — *Obras poeticas*, 1 vol. — *La Campana de Huesca*, 1 vol., etc. — L'unique roman qu'il ait laissé a été conçu au café de *La Esmeralda*, un jour qu'on avait mal dîné et qu'un éditeur magnifique, attiré par le bruit que fai-

essentiel de la figure littéraire de M. Cánovas. Je ne dis pas comme orateur, — ce qui est évident par soi-même, — mais comme historien, comme philosophe, comme romancier et poète même, dès le début et jusqu'à la fin, il ne cesse pas d'être un homme politique. Historien ou philosophe, ce n'est pas un professeur qui enseigne l'histoire ou disserte de la philosophie : non; il y a dans ses écrits quelque chose de moins et quelque chose de plus.

sait le cénacle, avait offert de payer une once d'or chaque manuscrit qu'il accepterait. Sur l'invitation de ce protecteur des lettres, tandis que Luis Eguilaz donnait *l'Épée de saint Ferdinand*, et Diego Luque *la Dame du Comte-Duc*, Cánovas composa *La Campana de Huesca* ; l'affaire ne fut pas mauvaise pour le libraire, puisque, sans compter ce que rapportèrent les autres, l'ouvrage de M. Cánovas n'eut pas moins de quatre éditions. Rien qu'au titre, on reconnaît le genre. « Ce n'est point du Walter Scott, a écrit un critique, mais cela mérite de n'être pas confondu avec les productions dont font leurs délices les amateurs de fantaisies historiques par livraisons. » Péché de la vingtième année qui avait une excuse majeure et dans lequel l'auteur ne s'est pas endurci ; dans le péché de poésie, au contraire, il a persévéré jusqu'au seuil de cet âge qu'il vouait « à la pure raison »; ce fut l'innocente faiblesse d'un homme qui n'eut guère de faiblesses.

Que valent ces vers ? Un de ces compagnons de toute la vie en faisait bon marché et s'amusait à dire : « Je suis un plus grand poète que Cánovas et un plus grand homme d'affaires que X...; car je ne fais point d'affaires, comme X..., ni de vers, comme Cánovas. » Mais c'est bien vite dit, et l'on peut louer dans ses poésies la simplicité et le naturel, sans soutenir que la politique nous ait fait perdre en M. Cánovas un grand poète. Il ne le croyait pas, il ne le souhaitait pas; et ce n'était pas comme poète qu'il voulait comparaître devant la postérité. Il a fallu lui faire violence pour recueillir en volume ces pièces fugitives; il n'a consenti que par crainte que quelque chercheur n'allât, lui disparu, à cause du nom qu'il s'était fait ailleurs, les déterrer dans les

Les savants de cabinet ont trop souvent le tort de faire fi des « politiciens », et ce serait à merveille si par « politiciens » ils n'entendaient sans exception tous ceux qui font la politique; et, en revanche, les politiciens trop souvent se piquent d'ignorer ou plaisantent les savants de cabinet : c'est l'éternelle et stupide querelle de « la théorie » et de « la pratique ». La vérité est que la théorie

journaux ou les cartons où elles gisaient, et les réimprimât avec trop d'indulgence, en n'en condamnant pas assez : « Je n'attache à ces poésies, comme à mes *Études littéraires*, — un autre ouvrage de sa jeunesse, — qu'une fort minime importance. Il ne m'en coûterait rien, s'ils étaient inédits, de jeter tous mes vers au feu. » Il ne les y jetait pas pourtant, et en secret il continua longtemps de rimer : ce qu'il demandait à la poésie, il nous l'explique quand il nous explique pourquoi, à partir d'un certain âge ses compositions sont pour la plupart amoureuses. « Chose tout d'abord incongrue et extravagante, mais, à la réflexion, logique. Rare est le sujet élevé, digne de *la poésie* philosophique ou *politique* que je n'aie pas eu à traiter, tout de suite après mes vingt-cinq ans, en face de nombreux auditoires, avec toute la fougue que peut prêter à la parole la sincérité non équivoque des émotions. Mes opinions sur la religion, la morale, la patrie, la science, l'histoire, les arts, ce n'est pas dans mes poésies qu'il faut les chercher, après mon entrée dans la vie publique. Il n'y a dans mes vers que mes désirs, mes douleurs, les espérances, les peines de ma vie privée. » — La *poésie politique*, le mot y est, et ce mot classe M. Cánovas comme poète; c'est, jusque dans ses vers, un homme politique, et combien de ces morceaux sont inspirés d'incidents politiques : *A propos du mariage de l'Infante Doña Maria de la Paz ; à la France, à propos de l'élévation au trône de la comtesse de Teba ; A Sa Majesté la Reine Doña Isabelle II, sur son voyage à Malaga; Cierra España ! Chant de guerre, à l'occasion d'une insulte à notre drapeau; Lors de la translation en Italie des cendres du roi Charles-Albert ; L'invasion piratesque de Cuba ;* ne sont-ce pas encore « des opinions sur l'histoire et sur la patrie »? n'est-ce pas, encore et toujours, de la politique?

ne saurait être sans la pratique, non plus que la pratique sans la théorie. La supériorité de M. Cánovas, comme homme d'État venait certainement pour une part de ce qu'il avait le courage d'aborder les questions les plus abstraites de la philosophie et les plus embrouillées de l'histoire ; sa supériorité comme historien, de ce qu'il s'interrogeait, avec l'expérience du pouvoir : — dans cette conjoncture qu'eût-il fait ? — sa supériorité comme philosophe, de ce qu'il examinait la valeur d'une idée, en ministre qui serait contraint de l'appliquer. Il y avait en M. Cánovas del Castillo deux hommes, un homme d'étude et un homme d'action, un homme de réflexion et un homme d'expérience ; mais cette double personne se fondait en une seule personnalité qui en profitait et en grandissait, et ces deux hommes s'ajoutaient l'un à l'autre pour former l'homme d'État qui les régissait, les gouvernait et les unifiait tous deux. Il avait dressé la carte du royaume des idées et il la possédait aussi bien que la carte des partis dans le Parlement espagnol. Mais la politique était à ses yeux ce qui est par excellence, et il y rapportait tout le reste. Il était tout pour être un homme politique; il n'était rien que pour être un homme politique.

L'histoire, en général, étant l'école de la politique, — et l'histoire d'Espagne, tout spécialement,
étant pour lui d'une utilité plus directe, — a
toujours eu ses prédilections. Lui-même nous
avoue qu'il était encore sur les bancs, lorsqu'il
s'attaqua à une œuvre de grandes proportions,
qui ne devait pas être moins que l'*Histoire de la
décadence de l'Espagne*, et qui, quand il la relut
plus tard, ne lui parut plus qu'une défectueuse
suite à l'histoire du P. Mariana, témérairement
entreprise, de seconde main, et criblée de grosses
erreurs. Cet essai de jeunesse avait servi de
base à l'*Esquisse historique de la Maison d'Autriche en Espagne*, qui n'était à l'origine qu'un
article de *Dictionnaire*, et où M. Cánovas s'accu-
sait d'avoir fait passer les erreurs qui déconsidé-
raient à ses yeux son premier travail. De cette
étude aussi il était mécontent ; le titre même ne
le satisfaisait pas ; il hésitait, lui qui hésitait
rarement, entre *Esquisse sommaire*, ou *Jugement
critique*. C'était un jugement critique ; mais, exigeant envers lui-même et plus exigeant à mesure
qu'il s'élevait, M. Cánovas en était arrivé à se per-
suader que le jugement manquait de motifs parce
que la critique manquait d'éléments. De méchantes
langues ne se tenaient pas de faire entendre que

ce jugement critique semblait à l'historien homme d'État moins bien fondé surtout depuis que le roi Don Alphonse XII avait épousé une archiduchesse d'Autriche. Ce qui est sûr, c'est que M. Cánovas promettait, en 1888, de reprendre et de développer ce livre qui était devenu introuvable. Mais d'autres soins l'en ont probablement distrait.

La principale des œuvres historiques de M. Cánovas del Castillo reste donc ses *Études sur le règne de Philippe IV*, qui, dans le fond, ne sont, avec l'*Histoire de la décadence de l'Espagne* et l'*Esquisse de la Maison d'Autriche*, qu'un seul et même dessein. M. Cánovas y pose des assises plus résistantes pour un monument plus durable. Outre les documents sur lesquels elles s'appuient (c'est, ici, de l'histoire critique), elles se composent de trois morceaux : *Révolution de Portugal, texte et réflexions* ; *Négociation et rupture avec la République anglaise* ; *Antécédents et relation de la bataille de Rocroy*. Ce troisième morceau, de beaucoup le plus étendu, embrasse en réalité avec toutes ses causes politiques, économiques et sociales, l'histoire de la prépondérance militaire des Espagnols en Europe, de ses commencements à son déclin. Nulle part M. Cánovas historien ne se montre plus homme d'État. Cette décadence de l'Espagne pouvait-elle être arrêtée et comment ? Il n'est pas un chapitre où la question ne soit implicitement ou explicitement posée, et c'est la marque que, dans l'histoire, M. Cánovas ne voit pas uniquement l'histoire, toute desséchée et toute froide : il veut y voir un enseignement, un principe d'action, pour un peu l'on dirait une règle de métier.

A ses œuvres historiques se rattache encore la biographie de son oncle, *El Solitario*, Estebanez Calderon, dont le cadre serait sans doute un peu trop grand pour le sujet, si le sujet ne s'amplifiait et ne s'élargissait jusqu'à devenir un tableau, — dessiné et peint par un homme qui professionnellement devait en connaître toutes les manifestations, — de la vie publique de l'Espagne dans la première moitié du xix° siècle.

Mais où M. Cánovas del Castillo se révèle tout entier, sous les multiples aspects de son talent, c'est sans doute dans les trois volumes de ses *Problèmes contemporains*, qui, bien qu'à de certains égards ils s'en distinguent, à d'autres égards pourtant rappellent les *Essais* de Macaulay. Pour décider d'un trait de plume qu'il n'a été que de son pays, et qu'il n'a pas toujours été de son temps, il faut ne les avoir jamais feuilletés, car ils prouvent jusqu'à l'évidence que toujours il fut de son temps et que, s'il fut avant tout de son pays, il fut un peu de tous les pays.

Rien ne s'imprime en France, en Angleterre, en Allemagne, en Amérique, qu'il ne le sache, ne le lise et ne l'annote. Rien ne se pense, ne s'écrit, ne se dit ou ne se fait, qui ne l'intéresse. Qu'on prenne ses discours de l'Ateneo ; dans l'un il traite des transformations de l'Europe en 1870, de la question de Rome, de la guerre franco-prussienne et de la suprématie de l'Allemagne ; dans l'autre, du pessimisme et de l'optimisme par rapport aux problèmes actuels, du concept et de l'importance de la théodicée populaire, de l'État en lui-même et dans ses relations avec les droits individuels et corporatifs, des formes politiques, monarchie et démocratie ; ailleurs, du problème religieux, du problème moral, du problème social, du problème économique. Toutefois, on doit le confesser, comme il allait, dans l'histoire, chercher des leçons pour le temps présent, ce qu'il va chercher en tous lieux chez les philosophes, les moralistes, les « sociologues » et les économistes, c'est un remède aux maux de l'Espagne, de son Espagne. Et lui-même, philosophe, moraliste, sociologue ou économiste, comme lorsqu'il était historien, il est et demeure homme d'État. Il l'est, soit qu'il prononce devant

un congrès de géographes l'éloge de Sébastien del
Cano, ou devant des gens de lettres l'éloge de
Revilla et de Moreno Nieto; soit qu'analysant un
ouvrage sur les orateurs grecs et latins, et, pensant à ce que put la parole dans l'Athènes et la
Rome antiques, il pense, non sans effroi, à ce
qu'elle peut dans l'Espagne troublée de 1874. '

Cette puissance de la parole publique, moins
que qui que ce soit M. Cánovas pouvait la nier ou
la rabaisser, lui ayant dû autant et plus que qui
que ce soit. Historien et philosophe, ainsi qu'il fut,
avant tout, homme d'État, il fut, avant tout, orateur ; sa forme écrite est une forme oratoire ; sa
période longue, mais fortement articulée et em-
portée d'un mouvement rapide, est la période d'un
orateur. Quand on ne l'a pas entendu, on ne sait
pas ce qu'est le don de « dominer, comme il l'a
dit, dans le silence ». Et il adresse tout un hymne
au silence, « effet suprême et incomparable satisfaction, la plus grande que goûte l'orateur... Le
silence, communication intime, magnétique, de
l'intelligence de celui qui écoute avec celui qui
parle ; le silence, qu'imposent premièrement la
voix et le geste, et ensuite la phrase, le sentiment,
l'idée ; le silence qui humblement soumet mille
voix différentes à une voix, sans plus, et à une

seule intelligence mille intelligences en désaccord ; le silence, enfin, dans lequel, les uns étouf-
fant leur enthousiasme, les autres leur colère, et
tous subjugués, rendent un tribut unanime, et le
plus rare des tributs, à la vraie et virile éloquence. »

C'est dans ce silence flatteur qu'il parlait et qu'il
« dominait ». D'autres, à côté de lui, émouvaient,
transportaient, se faisaient acclamer, et même,
comme Castelar, enlever en triomphe. Lui, — il
faut répéter les verbes mêmes qu'il emploie, — il
soumettait, subjuguait, imposait le silence solennel
et sacré, où l'on dirait que l'esprit souffle. J'ai
assisté à plusieurs des combats que M. Cánovas,
en 1894, avant de revenir aux affaires, livra à
M. Sagasta. Je ne sais pourquoi ce spectacle parlementaire évoquait invinciblement en moi l'image
d'une course de taureaux. C'était la même escrime,
avec les mêmes passes ; c'était ainsi que M. Cánovas menait l'attaque, lançant contre le ministère
ses plus agiles lieutenants, pour placer les bande-
rilles, pour le piquer, le harceler, l'exciter, lui
faire voir rouge. M. Sagasta était là, à la première
place du banc de velours bleu, *del banco azul*,
réservé aux ministres, et quelqu'un de la droite,
M. Francisco Silvela ou M. Romero Robledo l'ap-

pelait du pied, l'attirait sur le terrain, le criblait
d'épigrammes, le déchirait d'une multitude de
petits coups de poignard. Don Praxedes secouait
la tête, interrompait, frappait sur son pupitre,
bondissait. La majorité, par derrière, l'excitait de
ses applaudissements et de ses clameurs : *Ya ! ya !
ya era hora ! por fin ! por fin !* A la bonne heure !
Il était temps ! Enfin ! enfin ! Il se sentait appuyé,
soutenu, poussé en avant, et il chargeait. M. Sagasta procédait par interjections, par phrases
heurtées et hachées, par de tout petits bouts de
pensée, qui se soudaient mal les uns aux autres ;
de temps en temps un beau mouvement, une belle
colère et de belle éloquence, une éloquence de
tribun, presque de démagogue, une énergie qui se
dépense en cris et se dissipe en gestes. M. Cánovas
attendait qu'elle fût dépensée. Jusqu'à la fin de la
séance, il avait la patience de se taire, regardant
de son œil froid et ironique, et comme tout blanc
sous le verre du lorgnon, jetant à peine un mot en
réponse aux allusions trop blessantes, laissant
monter la passion des partis et, en quelque sorte,
la mettant au point. La Chambre et les tribunes
vibraient... Alors il se levait, et, très calme, disait
au président : *Pido la palabra,* comme le torero
demande l'autorisation de mettre à mort ; et le

grand silence retombait aussitôt sur cette assemblée délirante, comme si réellement il y eût là quelqu'un qui allait mourir.

De quoi cette domination était-elle faite? De la belle ordonnance du discours ; d'une aptitude innée et d'un art consommé à enchaîner les raisonnements et comme à construire des édifices de paroles, — M. Cánovas ne comparait-il pas l'éloquence à l'architecture ? — d'une souveraine aisance à manier les idées générales, qui tenait peut-être tout bonnement à ce que l'orateur avait pris la peine de se faire des idées générales ; des ressources d'une érudition capable de fournir juste à point l'exemple qui éclairait une situation ou le précédent qui la dénouait; de la puissance d'une dialectique que réchauffait la flamme de convictions ardentes; par là-dessus, de la volonté de dominer et de la certitude d'y réussir, pour tout dire en un mot, de la conscience d'être le plus fort. Cette volonté, cette certitude s'affirmaient jusque dans la plus brève de ses répliques, celle-ci par exemple à M. Silvela : « Au surplus, je ne suis pas de ceux qui, à aucun âge et dans aucun temps, aient passé au pouvoir sans y laisser une trace profonde de leur passage, et, pour me parler comme on vient de me parler, il faudrait, en vérité, avoir fait autre chose que d'avoir mis, étant ministre sous moi, sa signature au bas de quelques décrets insignifiants. »

Le Parlement, pour lui, était un champ de bataille : sans qu'il lui semblât excessif, il empruntait le langage du bon chevalier dont il lisait et relisait les aventures : « L'orateur est celui qui fait de la tribune la dame de ses pensées et qu'enfièvre la multitude, ainsi qu'enfièvrent un vieux soldat la vue des troupes et le tout prochain resplendissement des armes. » A ce duel, qui n'était pas toujours courtois, il se présentait, visière haute, avec la lance, l'épée et la dague, avec la raison, la science et l'esprit, et les coups qu'il frappait ne s'égaraient pas dans le vide.

Maintenant, c'est fini. L'histoire de la restauration des Bourbons en Espagne, dont il caressait le projet, M. Cánovas ne l'écrira point, et, n'étant point écrite par lui, on ne pourra jamais assurer qu'elle le soit : « Oh ! me disait-il, je la ferais passionnée ! mais, moi, je ne comprends l'histoire que passionnée ! » La passion qu'il eût apportée à juger les autres, l'apportera-t-on à le juger ? Quoi que l'on fasse, il est un hommage que ses pires ennemis ne lui refuseront pas, l'hommage qu'il rend quelque part à un politique de l'ancien régime : « d'avoir, jusqu'au bord de sa tombe eu le souci que ne s'ouvrît pas en même temps celle de sa patrie ». Il concluait : « La patrie ne mourut pas, sans doute parce que les nations meurent difficilement. » Et ce sera aussi bien la conclusion de sa propre histoire.

La mort, comme la vie, a ses injustices. Héroïque ou seulement tragique, elle est parfois plus grande que les hommes. Cette fois, elle a été à la mesure de l'homme. Pour M. Cánovas, la vie avait commencé la consécration : « Quand nous serons tous, a dit Campoamor, dans ce champ sans haines qui se nomme le cimetière, les gens passeront indifférents près de nos sépultures oubliées ; mais il n'y aura pas un Espagnol qui, pour s'honorer soi-même et pour honorer son pays, ne se découvre respectueusement devant la pierre de Cánovas del Castillo. »

CHAPITRE V

L'ŒUVRE DE M. CÁNOVAS

VINGT ANS DE MONARCHIE MODERNE EN ESPAGNE

I

L'œuvre de M. Cánovas mérite, en effet, qu'à jamais tout Espagnol se découvre respectueusement devant son tombeau. Qui veut en mesurer l'importance n'a qu'à se rappeler ce qu'était l'Espagne lorsqu'il entreprit, il y a vingt-trois ans, de la relever et de la sauver.

Il y a vingt-trois ans, à la fin de 1874, l'Espagne était comme affolée, après six ans d'insurrections et de luttes non interrompues, ayant essayé de tout et s'étant dégoûtée ou lassée de tout. Sur la route douloureuse où marchent parfois les nations, elle était allée, traînée par un dictateur, et demandant un roi, et rencontrant une république. Isabelle II s'était enfuie, chassée par Serrano et Topete ; un cadet des Hohenzollern avait failli hériter du trône des Bourbons ; puis D. Juan Prim avait fait signe à la maison de Savoie, et Victor-Emmanuel lui avait envoyé Amédée. C'était l'histoire retournée, puisque naguère l'Espagne, loin de tirer d'Italie ses souverains, peuplait de ses princes les États italiens. Mais une tempête avait apporté le duc d'Aoste, un orage l'avait remporté : la misérable Espagne avait tout essuyé, la tempête et l'orage, et c'étaient pour elle de nouvelles tempêtes, et c'étaient de nouveaux orages.

Chaque fois que, faisant halte une minute et croyant reprendre haleine, elle avait espéré s'asseoir au bord de son dur chemin, un général passait, avec un bataillon, qui la jetait brutalement hors de l'abri précaire où elle se reposait. Elle était comme une femme plus convoitée qu'aimée, que se disputent ses prétendants, et qu'ils s'arrachent l'un à l'autre, au risque de la démembrer. Au nord, la guerre carliste : les provinces basques, la Navarre, la Catalogne, tout le pays au-delà de l'Èbre à sang et en flammes ; au sud et vers le sud-est, le fédéralisme, le régionalisme, le cantonalisme ; Carthagène reprise d'hier, Malaga à demi pacifiée, l'Andalousie reconquise, comme s'il y avait eu encore des Maures à chasser de Jaën et de Grenade. Trois armées, au moins, en campagne, et minées par l'intrigue, devant l'ennemi. Entre les deux, entre le nord et le sud, entre le carlisme et le fédéralisme, les fidèles amis de la reine déchue ou de son fils, Don Alphonse, neutres et résignés, à s'en fier aux apparences, en secret très actifs et tout prêts.

Comme gouvernement, une république par trop impuissante à donner l'impression d'un gouvernement. Il semblait que, dans l'Espagne vide, il n'y eût plus rien, ni personne. Le chef de ce gouvernement, le maréchal Serrano, sans peur au combat et superbe sous les balles, redressé de toute sa haute taille, était, aux affaires, faible, mou, indécis, ne retrouvant que dans les grandes occasions son énergie et ses belles allures, mais ne sachant ou n'osant pas les faire naître, ces occasions de salut, et les laissant passer quand elles s'offraient; trahi, du reste, ou mal servi, environné de pièges, joué sous la foi du serment, sentant peut-être que sa bonne volonté serait vaine et que l'heure des abandons était proche.

D'un bout à l'autre de l'Espagne, l'anarchie : un tel désordre moral, que des prêtres pillent et brûlent, dans le nord, en invoquant le nom de Dieu, comme le curé Santa-Cruz, et que l'on voit, dans le midi, des inconnus, comme un certain Solier, à Malaga, surgir du pavé de la rue et se déclarer chefs de peuple [1]. A l'anarchie civile répond l'indiscipline, qui est l'anarchie militaire. Un fléau et un second fléau. Nul remède. Pas une compagnie qui ne puisse tourner ; pas de régiment sûr de son colonel, pas de colonel sûr de son régiment. Aux extrémités de la hiérarchie, des capitaines généraux et des sergents sur lesquels il serait imprudent de compter, les uns et les autres capables de se donner à l'on ne sait qui.

On n'est d'accord que sur un point, on n'a qu'un sentiment commun, et c'est que tout s'en va : *Eso se va !* Ce sentiment, on l'avait déjà éprouvé, avec ce qu'il renferme d'amertumes et d'angoisse, sous Pi y Margall et sous Salmeron. Castelar avait eu l'intelligence très claire et comme prophétique du péril ; il avait fait, pour y parer, le possible et presque l'impossible ; mais il avait été vaincu, et il devait l'être, dans cette bataille qu'il était contraint de livrer à son parti en même temps qu'à ses adversaires. Le découragement était devenu

---

[1] Voy. A. Houghton, *Les Origines de la Restauration des Bourbons en Espagne*, 1 vol. in-8°; Paris, Plon. 1890.

profond et incurable, à voir l'absurdité, l'aveuglement des Cortès fédérales. Le soir du coup de main de Pavia, on eut un moment d'espérance, mais ce ne fut qu'une fleur d'un jour, *flor de un dia*, fanée et séchée en une nuit. Les hésitations de Serrano, ses tergiversations, ses irrésolutions, ses contradictions enfin, avaient ajouté par surcroît, — et il n'en était pas besoin, — une déception de plus aux déceptions passées et la frayeur de l'inconnu à la terreur du trop connu, si bien que du découragement de la veille elles avaient fait un désespoir, et le dernier de tous, le désespoir muet.

La république tombait comme un fruit gâté. Elle était virtuellement morte et n'attendait que l'instant de mourir réellement. Elle languissait et périssait d'énervement et de consomption, dans un provisoire d'heure en heure. On disait : c'est une transition. En vérité, c'était une agonie, car l'agonie aussi est une transition. Non seulement la république n'était plus qu'une enveloppe crevée ; non seulement le pouvoir exécutif n'était plus, dans le fait, un pouvoir et n'exécutait rien ; non seulement il n'y avait plus qu'une ombre de gouvernement, mais il n'y avait presque plus qu'une ombre d'Espagne.

L'ordre public étant absent, tout ce qui naît de

l'ordre et trouve dans l'ordre son aliment était exilé ou ruiné. Plus de finances : l'impôt, qui rentre toujours médiocrement en Espagne, ne rentrait plus ; l'argent se cachait, s'enterrait, ou bien, comme dans les provinces basques, on le portait plus volontiers aux *cabecillas* de don Carlos qu'aux agents du fisc. Plus de commerce, puisque le commerce est fait de la double circulation de l'argent et des marchandises, et que les marchandises restaient inutiles dans les magasins, et l'argent, s'il y en avait, immobile dans ses cachettes. Plus de communications intérieures, ni de communications au dehors. L'Espagne était coupée en vingt morceaux et séparée de l'Europe. Les Pyrénées étaient infranchissables, sauf pour la contrebande de guerre. Les chemins étaient semés de chausse-trapes où trébuchaient les diligences ; les sentiers, barrés par des rocs, entre les fissures desquels passaient des gueules de tromblons. Don Carlos avait ses douaniers, comme le roi le plus authentique, et ses compagnons coureurs de montagnes, comme Hernani. Ce qu'ils arrêtaient surtout et détroussaient et meurtrissaient, c'était l'Espagne. Elle râlait sous leur talon, le souffle suspendu, le sang figé, en syncope.

Ah ! s'ils se lassaient de frapper et si elle pouvait

s'enfuir de la caverne où ils la gardaient, comme elle se précipiterait dans ce qui s'ouvrirait devant elle, fût-ce le gouffre ! On eût voulu lui rendre l'absolutisme avec Ferdinand VII ou Charles IV avec Godoy, que, par lassitude et par peur, et pour avoir autant souffert d'un autre mal, elle eût peut-être tout accepté, quitte à faire, six mois après, afin de s'en débarrasser, une révolution nouvelle. Et quelle aventure, en effet, ne valait pas mieux que cette fin qui ne finissait pas, donnant la sensation affreuse d'une vie de nation qui coule et se perd goutte à goutte !

Lorsque, le 29 décembre 1874, le général Martinez Campos vint pousser, à Sagonte, le cri de : Vive le roi Alphonse XII ! et lorsque, en pleine armée du Nord, face aux carlistes, et dans la chambre de Serrano, d'autres généraux répétèrent ce cri ; lorsque le capitaine général de Madrid, au mépris de toutes ses promesses, remit la ville à ceux que son devoir était de faire conduire en prison, l'Espagne n'eut que de la gratitude et de l'amour pour les rebelles ; elle les accueillit comme des libérateurs, les récompensa comme des victorieux, et jamais paix ne fut bénie comme cette insurrection qui, dans la pensée de tout un peuple, fermait si heureusement l'ère des insurrections.

Or, en 1894, la monarchie des Bourbons restaurée a compté vingt ans d'existence, et l'on peut dire que, pour elle comme pour l'Espagne, ces vingt années ont été un rajeunissement, une renaissance, quelque chose de pareil à une *Vita nuova*. Derrière le trône de D. Alphonse XIII, chaise d'enfant sur laquelle une femme est penchée, l'Espagne se tenait debout, paisible et fière. Le carlisme ne s'était peut-être pas soumis sans désir de revanche, mais du moins il n'était plus en armes. Le Pape, en prescrivant le respect envers les pouvoirs établis, lui avait du même coup enlevé son auréole de légitimité et son auréole de sainteté : il l'avait déposé et découronné. Des prêtres fanatiques pouvaient continuer à voir en Don Carlos ou en Don Jaime, son fils, les élus, les oints du Seigneur, mais ils ne pouvaient soutenir qu'ils avaient pour eux et avec eux l'Église. L'Andalousie, l'Estramadure étaient aussi calmes, aussi loyales que les Castilles. L'Espagne était une en ses cinquante provinces, tirées de dix royaumes éteints. Le cantonalisme s'était effacé, comme s'efface jusqu'au souvenir d'un mauvais rêve. Le fédéralisme était réduit à l'état de théorie pure.

L'armée espagnole était refaite moralement et matériellement. Elle avait appris ce qu'elle ne savait pas ou réappris ce qu'elle avait oublié, le grand précepte posé par la Révolution française, par la Constituante et la Convention, que « la force armée est essentiellement obéissante », qu'elle ne délibère en aucun cas, qu'elle n'a à faire ni les lois, ni les rois, que son honneur est dans le silence, et sa vertu dans l'abnégation.

Ce qu'on disait de l'administration de l'Espagne, le mal qu'on en a dit, en tout temps fort exagéré, il serait par trop injuste de le dire maintenant encore. Le pire reproche qu'elle mérite, l'administration ne le mérite-t-elle pas partout, à des degrés divers, dans l'Europe contemporaine? et c'est d'être plus nombreuse, plus lourde et plus chère qu'il ne faudrait. La situation financière n'est pas faite pour exciter l'admiration ni l'envie ; le budget se solde en déficit ou plutôt ne se solde pas, si ce n'est à coups d'emprunts, de plus en plus onéreux et de moins en moins faciles : le passé pèse sur le présent, qui charge inconsidérément l'avenir. Mais quel est donc l'État d'Europe qui ait géré, en bon père de famille, la fortune publique ? quel est celui dont le trésor soit plein, le crédit intact, le grand livre clos et les domaines sans hypothèques ? Tout au moins l'impôt rentre-t-il avec une suffisante exactitude, dans les provinces basques et navarraises comme dans les autres provinces, et ne va-t-il plus à d'autres caisses que celles de l'État.

Le commerce, en Espagne, souffre peut-être encore de quelque ataxie ou paralysie, mais ce n'est plus parce que l'argent se cache : il roule en Catalogne, et il roule en Biscaye pour de vastes entreprises, et il roule à Madrid pour les dépenses de luxe. Ce n'est pas davantage que les routes, à l'intérieur de la péninsule, ni les débouchés vers le continent soient interceptés par des bandes : les seules barrières qui les ferment et que les marchandises et l'argent ne peuvent forcer, sont les tarifs quasi-prohibitifs que les nations de l'Europe s'opposent l'une à l'autre, pour protéger chacune d'elles, se condamnant ainsi à une sorte de régime cellulaire, comme si c'était se protéger que de s'isoler, et vivre que de regarder mourir son voisin.

L'Espagne, qui s'est presque guérie du séparatisme politique, aurait sans doute à se guérir du régionalisme économique, à concilier, à unifier dans un intérêt supérieur les intérêts différents du Nord-Est et du Nord-Ouest industriels, qui voudraient se réserver le marché national, et les intérêts du Midi, du Sud-Est, de l'Est agricoles, qui voudraient la mer ouverte toute large. Il faudrait fondre en une même couleur les rougeâtres et grisâtres croupes des environs de Bilbao, les noires usines de Barcelone et le miracle de l'Espagne, les plaines andalouses, toutes vertes d'olives et toutes vermeilles et comme ensoleillées de blés. Mais où donc n'y aurait-il pas à résoudre un de ces problèmes ? où donc la lutte pour l'existence n'éclate-t-elle pas en tel ou tel de ces antagonismes meurtriers ? Où donc est-il, l'État européen qui ne se soit pas comme replié, recroquevillé, derrière une haie épineuse de taxes, surtaxes et droits différentiels, ainsi qu'aux approches de Séville les villages blancs et les fermes s'enveloppent, se couvrent d'aloès hérissés et de figuiers de Barbarie ?

Si le problème économique est à peu près le même en Espagne qu'il est ailleurs, la question ouvrière n'y revêt pas non plus une âpreté, une acuité particulières. Le paysan qui, le matin, avant l'aube, s'en va labourer ou faucher à plusieurs lieues de son hameau perdu se dit bien, quand il revient, après la nuit tombée, au pas tranquille de son âne, qu'il a peiné quinze heures et qu'il a gagné quinze sous, et que la terre de M. le duc est bien grande; mais le grison qu'il monte est arrière-cousin de celui de Sancho Pança; lui-même se contente de peu, mange une croûte de pain et boit un verre d'eau fraîche, et c'est pourquoi l'Espagne n'a pas à craindre une jacquerie, pourquoi le socialisme agraire, fruit naturel des *latifundia*, n'y arrive point à maturité.

L'autre socialisme, le socialisme des villes, n'y exerce pas plus de ravages que chez les autres races, latines ou germaniques; l'anarchisme même, quoiqu'il semble avoir choisi Barcelone pour place de refuge, n'ose pas donner l'assaut à cette citadelle de Montjuich, qui ne rend pas ses prisonniers. En somme, la propriété et le travail sont garantis; on n'arrête plus ou presque plus les trains, sur les lignes les moins fréquentées : il sera bientôt superflu d'y faire monter les deux gendarmes réglementaires. On peut aller de Madrid à Séville sans craindre d'être dévalisé au défilé de Despeña-Perros, et de Burgos à Cadix, ou de Badajoz à Valence, traverser toute l'Espagne dans tous les sens, sans payer de tribut qui ne soit légal. A plus forte raison vers le centre : on ne vole plus, ou presque plus, près du pont de Tolède, et personne ne fait plus chez lui la guerre au roi d'Espagne.

Vingt ans d'une paix complète et telle que ce pays l'avait rarement connue, telle, en tout cas, qu'il ne la connaissait plus : paix intérieure et extérieure, paix civile et religieuse, paix des esprits et des consciences. Une société qui s'est rassise et où le classement nécessaire s'est refait. Une nation qui a ressaisi son âme et resserré son corps de nation. Un État qui s'est réorganisé, au point de se renouveler. Un gouvernement qui a figure, et qui même, dans des circonstances critiques, a su avoir grande figure de gouvernement. Un peuple pour qui se sont rouvertes les portes du tombeau, et qui, aux prises, comme d'autres et plus que d'autres peut-être, avec les difficultés de la vie, ne se sent pourtant plus écrasé sous l'impossibilité de vivre.

Et non seulement, ces vingt ans écoulés, l'Espagne s'est pacifiée et réunifiée; elle s'est aussi modernisée; non seulement elle a ressuscité, mais, depuis le jour de sa renaissance, elle est allée se rajeunissant. Charles IV, Ferdinand VII, la reine Christine, Isabelle elle-même ne reconnaîtraient plus leur Espagne, et Don Carlos, s'il est logique, ne la recevrait qu'à merci.

L'Espagne ! qui la reconnaîtrait et qui reconnaîtrait la vieille monarchie espagnole, l'une et l'autre drapées encore dans une cape antique, mais raccommodée, consolidée avec l'étoffe la plus forte dont les rois puissent se vêtir désormais, avec la liberté ? Liberté de la presse, liberté de réunion, liberté d'association, toutes ces libertés, la Restauration les a cousues sur son manteau ; et elle y a cousu, en outre, d'autres institutions de liberté ; le jugement public, le jury populaire, le mariage civil, enfin le suffrage universel. Certainement il reste beaucoup à faire, mais beaucoup plus aux mœurs qu'aux lois. Même dans les mœurs, la transformation, la rénovation est visible : la tolérance s'acclimate en cette terre classique de l'intolérance.

D'ailleurs, quelle que soit déjà la transformation dans les mœurs, c'est-à-dire la transformation de l'Espagne, la transformation dans les lois, c'est-à-dire la transformation de la monarchie, est, par elle-même, décisive. On pense bien que ce phénomène ne s'est pas produit comme par enchantement ; que de vénérables machines à gouverner les hommes ne se démontent pas, et que des machines plus parfaites ne se remontent pas d'un seul coup ; que ce n'est ni en un mois ni en un an que réussissent à se rendre *actuelles*, répétons le mot propre, à *se moderniser*, des choses qui ont l'âge de l'Espagne et de la monarchie espagnole ; que ce n'est pas sans regarder derrière soi, devant soi et autour de soi que les ministres de la Restauration sont entrés dans les voies nouvelles ; qu'ils n'ont pas tout offert de leur plein gré et qu'on leur a dû prendre ce qu'ils ne donnaient pas. Mais, à mesure qu'ils sont entrés, plus ou moins pressés et sollicités, dans ces voies nouvelles, à mesure qu'ils y ont fait avancer la Restauration, le sol s'est dérobé, en quelque sorte, sous les pieds des autres partis, et, jusqu'aux entrailles mêmes de ce sol remué, le fixant comme les pins ont fixé les landes, la monarchie, tronc séculaire où de jeunes greffes avaient repris, a poussé de multiples et vivaces racines.

III

L'affermissement de la monarchie restaurée et, s'il est permis de le dire, sa *modernisation*, son renouvellement, devaient aboutir, — et ils l'ont fait — à un classement nouveau, dans le pays, des opinions et, dans le Parlement, des partis politiques. Durant les premiers temps, les premières années, les résistances avaient été très vives : et de la monarchie contre une liberté dont les excès étaient trop près encore pour qu'elle ne risquât point de dégnérer aisément en désordre, et de l'opposition républicaine contre le seul principe et le seul nom de la monarchie. Mais l'opposition républicaine n'était pas la seule qu'il fallût soutenir, et la plus dangereuse pour la Restauration, même quand Don Carlos eut repassé la frontière, c'était l'opposition monarchique, d'une branche à l'autre branche de la maison royale. Le vrai danger était là, d'autant plus redoutable que le carlisme ne représentait pas seulement la ligne masculine de la dynastie de Bourbon, et l'alphonsisme la ligne féminine, mais que le carlisme contenait, par définition, un *maximum*, et l'alphonsisme, un *minimum* de monarchie.

Entre ces feux croisés, les carlistes d'un côté, les républicains de l'autre, la position était des plus embarrassantes, et il fallait sonder le terrain pli par pli. Un pas à gauche, c'était trop peu de monarchie pour les carlistes ; un pas à droite, c'en était trop pour les républicains. Or la Restauration ne pouvait réussir qu'en détachant d'un de ces partis et de l'autre, et en rattachant à elle, ce qui se laisserait finalement assimiler.

A ses débuts, elle n'était rien qu'une transaction, un compromis, une solution intermédiaire. Sur quelles bases se ferait l'arrangement et que serait la monarchie, revenue d'Angleterre après six ans d'exil ? Serait-elle surtout monarchique, ou serait-elle plutôt démocratique ? Serait-elle de ce siècle ou d'un autre ?

Le manifeste que le prince avait, de Sandhurst, adressé à l'Espagne, affirmait que le remède était dans le rétablissement de la monarchie « héréditaire et représentative » ; et, du commencement à la fin de ce document, les deux épithètes étaient accouplées comme deux sœurs jumelles. Jusque dans cette conjonction d'adjectifs perçait la préoccupation de la monarchie restaurée. « Héréditaire » visait les royalistes, et « représentative » visait les libéraux. Comment s'opérerait le partage et selon quelle formule? dans quelles proportions combinerait-on « l'hérédité » et « la représentation » ?

Il semble que, d'abord, ce soit aux royalistes, aux carlistes, qu'on ait songé, que ce soit sur eux, sur les plus raisonnables ou les moins exaltés d'entre eux, que le nouveau régime ait voulu éprouver sa force d'attraction, et il n'est guère contestable qu'il ne fût, en cela, guidé par un très sûr instinct. Des deux principes qu'il alliait en lui l'un, du moins, l'hérédité, même s'il impliquait une certaine réaction, un certain retour aux traditions, n'était pas fait pour effrayer l'Espagne de 1874. Principe d'hérédité, principe d'autorité; et de quoi, si ce n'est d'autorité, ont besoin les nations, au sortir d'une pareille crise ? Mais, d'autre part, les carlistes et les alphonsistes n'étaient divisés que sur un fait, non point sur une doctrine, sur le monarque, non sur la monarchie. Dans la conception qu'ils s'en formaient, on peut dire que les différences étaient secondaires, hormis la personne du roi, de Don Carlos ou de Don Alphonse ; que le conflit, en dernière analyse, se réduisait à une querelle de succession ; que le programme du carlisme n'était ce qu'il était que parce que le programme de l'alphonsisme était le contraire ; et que, tout considéré, le programme n'était guère qu'un accessoire. Ce n'était donc pas une vaine illusion que de se flatter d'entamer et, dans quelque mesure, de désagréger le carlisme : le calcul qu'on faisait était juste, ou bien il l'eût été si par disposition naturelle les hommes n'avaient coutume de montrer plus de fidélité pour les personnes qu'ils n'en montrent pour les principes. — Quant aux républicains, n'achevaient-ils pas de se suicider ? A supposer qu'ils en dussent revenir, on avait le temps de compter avec eux.

On eut le temps de faire poser les armes au carlisme. Dès que se rouvrit le palais des Cortès, des républicains y parurent. Ils y parurent impénitents, hautains, dans l'attitude dédaigneuse de gens qui souffrent une violence, mais ne s'y résignent pas, opposant histoire à histoire et au droit divin le droit populaire, demandant à la Restauration ses titres, comme un garde civil demanderait ses papiers à un vagabond, l'accusant d'être issue d'un crime militaire et se réclamant eux-mêmes des Cortès constituantes, et, par les bouches les plus éloquentes de l'Espagne, soufflant des appels de bataille. Ce fut, alors, un de ces duels au couteau, tels qu'on ne les voit que là-bas, qui finissent par la mort, et où le vainqueur s'acharne parfois sur le cadavre du vaincu, mais qui néanmoins se poursuivent sans injures, avec les formes courtoises et cérémonieuses qui conviennent aux choses graves. Mais ici le tragique est dans la première passe, et vers la fin on s'humanise.

Pour commencer, on refuse le serment que la Constitution exige des députés ; puis on le prête du bout des lèvres, et immédiatement après l'avoir prêté, on jure qu'on ne le prête point ; et puis on le prête, du bout des lèvres encore, avec des restrictions mentales ; et puis on le prête tout bonnement, machinalement, par habitude. Pour commencer, on recourt à la fameuse tactique des partis espagnols, qui paraît bien avoir été celle des démocraties latines, depuis que le peuple de Rome était allé camper sur l'Aventin, à l'abstention systématique, au *retraimiento*. On ne siège pas, on ne vote pas, on se met à l'écart, on s'exile à l'intérieur, on fait le vide dans le régime établi ;

du sommet de la montagne où l'on s'est retiré, on guette le gouvernement qui passe, et il y a, en ce silence de désert endormi, une confuse et pesante menace.

Il faut prendre garde, en effet, dans un pays où l'on parle beaucoup, à un parti qui ne parle pas, c'est ou ce sera un parti qui conspire. Le ramener de la conspiration à la discussion n'est que la plus élémentaire, la moins inutile des précautions, et ce n'est jamais impossible, si l'on se décide à gravir, au-devant de lui, les basses pentes et si l'on monte tant que l'on peut monter, agitant à ses yeux des images qui l'excitent ou qu'il aime, et s'y prenant de façon à ce qu'il lui en reste quelques-unes en otage. Le *retraimiento*, c'est la position de combat, les troupes front contre front, fusils et canons chargés. Quand on ne discute pas, on cherche à détruire; quand on discute, on est conduit à négocier; quand on se résout à négocier, on n'est plus irréconciliable. La Restauration l'a fort bien compris et, l'ayant compris, aussitôt qu'elle a pu le faire, elle a poussé au-devant des républicains, costumées peut-être en habits de cour, mais reconnaissables encore et capables de les attirer, la plupart des idées qui leur étaient chères : liberté de réunion, d'association, d'enseignement, liberté de la presse, mariage civil, jugement public et jury.

Irrésistiblement, ils sont sortis à leur rencontre ; ils ont voulu les enlever de haute lutte : la monarchie les a retenues, ou elle a feint de les retenir ; un jour, elle en a laissé tomber une, un autre jour, une autre aux mains de leurs adorateurs; elle les a obligés ainsi à redescendre de l'Aventin ; battant, battus, ne conspirant plus, discutant, négociant et peu à peu et malgré eux se réconciliant, elle les a ramenés au Parlement, à la tribune, dans la légalité, à ses portes, à elle, monarchie : au-dedans de la légalité, — car, n'ayant plus de prétextes à invoquer, ayant une fois rompu avec leur système d'abstention et de prétendue indifférence, ils ont dû pour toujours renoncer à ce système, sous peine de se déclarer inconséquents, ce qui ne pouvait avancer leurs affaires ; aux portes de la monarchie, — car discuter avec la monarchie, c'était, implicitement, la reconnaître, se condamner à perdre le droit de lui dire: *Non novi hominem*, puisqu'on ne saurait discuter sur quelque chose que l'on ne veut pas reconnaître avec quelqu'un qu'on professe ne pas exister.

La Restauration plaçait ses adversaires dans cette alternative : ou de la suivre sur le terrain constitutionnel et de faire, en ce cas, la distinction fondamentale entre la législation et la forme du gouvernement, mais d'accepter celle-ci par là même qu'ils se mêlaient à celle-là, ne fût-ce que pour la combattre ; ou, comme elle leur empruntait successivement tout ce qu'il y avait de solide et de bon dans leur programme, de passer, au regard de l'opinion publique, soit pour des hommes de désordre, que le pays repoussait par lassitude, soit pour des doctrinaires ou des idéologues, qu'il repousse par tempérament.

Non, l'Espagne n'est pas doctrinaire, ni, en dépit de don Quichotte, puérilement idéologue ; elle ne se nourrit pas de chimères, ne s'amourache pas de fantômes, ne part pas en guerre contre les moulins ; ou, si elle se laisse un instant griser, si d'aventure, au grand soleil et au grand vent, la tête lui tourne, elle revient vite de ces équipées folles. Il y a, au fond du caractère national, quelque chose de très positif, qu'avaient bien vu les Italiens du xv⁰ et du xvi⁰ siècles, ces ambassadeurs florentins qui étaient de prodigieux observateurs et qui voyaient tout. On ne voudrait sans doute pas prendre trop au pied de la lettre tout ce que dit Guichardin dans sa *Relation d'Espagne*, écrite au retour de la mission qu'il remplit près de Ferdinand le Catholique, en 1512 et 1513[1]. Mais ce qui Guichardin a bien vu et ce qu'il a bien noté, c'est, par exemple, ce mélange de magnificence et de parcimonie, qui fait que l'Espagnol dépense, hors de chez lui, sans compter, et vit, chez lui, de si peu que c'est merveille ; que, très économe et très frugal, vivant d'un rien, il a pourtant l'ardeur passionnée de gagner : ses découvreurs de mondes sont des chercheurs d'or.

De même dans l'ordre politique. Poésie et prose, coups d'aile et terre-à-terre : un rêve qui part d'une réalité et qui y retourne. L'Espagnol, ce n'est pas le bon chevalier de la Manche, et ce n'est pas non plus son compagnon ; c'est don Quichotte et Sancho réunis et à jamais inséparables, et chacun d'eux, à part, n'est qu'une moitié de l'Espagnol. Le berger lui-même, en Espagne, ne déteste pas que sa chaumière se couronne d'un beau panache de fumée ; mais sa pauvre pensée ne se perd pas avec cette fumée, ne s'évanouit pas dans les airs : elle descend et il se dit qu'il n'y a pas de fumée sans feu et que sur ce feu cuit son dîner, qui est maigre, mais dont il dîne. La souveraineté du peuple, on lui raconte qu'elle le ferait sem-

---

[1] Francesco Guicciardini, *Relazione di Spagna*, Opere inedite, VI, 271-297.

blable à un prince : il la veut bien si l'on veut, mais ce n'est pour lui que le panache de fumée ; ne lui donnera-t-on rien de plus substantiel ? Une république où tout le monde serait roi le séduit médiocrement ; accoutumé qu'il est aux formes anciennes et comme façonné par la tradition, il n'est pas éloigné de croire qu'il ne faut qu'un roi par royaume, et que, dans un pays où tout le monde serait roi, personne ne serait sûr de son bien.

On lui promet l'égalité, mais quelle égalité ? N'a-t-il pas la meilleure ? et le président du Conseil des ministres rougirait-il de lui tendre la main ? On lui promet les droits de l'homme, mais quels droits ? Il lui suffit qu'un homme vaille un homme et que, pour un Espagnol, si haut qu'il soit, il n'y ait en Espagne que des hidalgos. On lui promet la liberté religieuse, mais quelle liberté, et de quelle religion ? Il n'y a, selon lui, qu'une seule religion, la religion catholique, apostolique, romaine : l'Inquisition l'a appris à ses pères, et il s'en souvient. Toute autre religion est fausse ; or, étant fausse, comment serait-elle libre ? — Ainsi, de tous les articles portés aux tables de la loi républicaine, . certains ne peuvent que laisser l'Espagnol insensible, et certains même le choquent ou l'indignent : il y en a dont il ne se soucie pas ; il y en a qu'il ne peut pas comprendre ; il y en a qui le feraient se révolter. On ne s'est pas rappelé, quand on a tenté de traduire en espagnol notre catéchisme révolutionnaire, que des mots n'abattent pas des montagnes et qu'il y a encore des Pyrénées.

Ni M. Salmeron, ni M. Pi y Margall, ni M. Ruiz Zorrilla ne se l'étaient, à propos, rappelé : ni l'un ni l'autre, ni le troisième, n'avaient assez mûrement réfléchi que l'Espagne ne s'habituerait jamais, si encore elle s'y habituait, qu'à une république réellement espagnole ; qu'il n'y a pas de vérité absolue qui ne doive, lorsqu'elle veut se traduire en actes et vivre, se plier aux circonstances locales ; et que c'était un jeu où l'on perdrait d'avance la partie que d'essayer de faire raisonner l'Espagne comme Rousseau, citoyen de Genève.

Ils avaient eu la vision et comme la révélation d'on ne sait quelle république éternelle et universelle, se mouvant hors et au-dessus du temps et de l'espace, étant parce qu'elle est et n'étant pas si elle n'était pas ce qu'elle est, dégageant assez de lumière pour en inonder tous les peuples, aussi sereine que la Sagesse et aussi nécessaire

que la Fatalité, et ils avaient, à cette apparition,
partagé l'extase du poète :

> Là-haut, qui sourit ?
> Est-ce un esprit ?
> Est-ce une femme ?

Seulement, tous trois n'avaient pas les mêmes
yeux, et elle ne se montrait pas à tous trois la
même : chacun d'eux lui prêtait une figure diffé-
rente, qui était un peu sa figure, à lui. Ils étaient
d'accord en ce point, qu'ils la tenaient pour supérieure à tout, plus légitime que tout, second terme
d'une équation dont le premier terme était l'humanité entière, inévitable comme la destinée,
puisque aussi bien elle n'était ni plus ni moins
que la destinée des nations. Mais presque aussitôt
ils se divisaient : Que serait-elle ? Centralisée ou
fédérale ? Et comment viendrait-elle ? Par une évolution ou une révolution ? naturellement ou par
la force ? dans les cerveaux ou sur des barricades ?
— M. Salmeron la voulait centralisée; M. Pi y
Margall, fédérale ; M. Salmeron la voulait uniquement par les moyens légaux ; M. Ruiz Zorrilla,
par tous les moyens.

Ce n'est pas toutefois que M. Salmeron fût
moins libéral ou plus autoritaire que M. Pi y

Margall, ni moins pressé ou plus timide que M. Ruiz Zorrilla. Loin de là, M. Salmeron voulait que les provinces, les cantons, les communes eussent l'indépendance la plus grande et, dans la plupart des matières, une autonomie à peu près complète. Mais, professeur de métaphysique, élevé à l'école de Hegel, il connaissait la puissance de ce qui est un, et il tenait du maître que l'État est l'unité suprême : il voulait donc que les provinces, les communes fussent dans l'État, qu'elles fussent par la bonne volonté, par une concession de l'État, et non que l'État fût par le consentement, momentané et révocable, des provinces ou des communes. Aujourd'hui encore, quand il s'en explique, il dit que M. Pi y Margall construisait l'État par en bas, et que, lui, il le laisse construit par en haut ; que M. Pi y Margall tirait l'État de la poussière des communes, et que, lui, il tire les communes de la substance de l'État ; que M. Pi y Margall, pour en venir à la pratique, faisait du service militaire et de l'impôt une sorte de don gracieux des communes à l'État, tandis qu'il en fait, lui, avec la science la plus orthodoxe, le signe de la suprématie et de l'unité même de l'État, s'affirmant par ces deux contraintes et se perpétuant par ce double lien. Et, d'autre part, autant que M. Ruiz Zorrilla, il voulait la république intégrale, il la voulait le plus tôt possible, et même il dépassait singulièrement M. Zorrilla par la hardiesse de ses formules ; mais cette hardiesse, qu'on pourrait appeler de la témérité, restait tout intellectuelle : elle se refusait à passer à l'action.

N'est-ce pas en quoi, précisément, M. Salmeron était, au point de vue particulier de la politique espagnole, inférieur et à M. Pi y Margall et à M. Ruiz Zorrilla ? On veut dire que, moins qu'eux encore, il avait chance de réussir. Si quelque chose était susceptible, dans le programme républicain, de flatter et de tenter les Espagnols, c'était le fédéralisme de M. Pi y Margall, présenté d'une certaine manière, comme une résurrection de l'Espagne ou des Espagnes antérieures à la monarchie, vieilles comme les vieux fueros et les vieilles Cortès, chaque ville de chaque province redevenant une capitale, et chaque alcade, chaque juge municipal, un personnage ; ce n'était pas ce qu'il apportait de nouveau, mais ce qu'il rapportait de traditionnel, disons-le, ce qu'il contenait de réactionnaire.

Et, tout de même, si ce programme pouvait triompher par quelque moyen, M. Ruiz Zorrilla ne se trompait pas, ce n'était que par la force : de tout temps, l'Espagne a été beaucoup plus prompte à prendre les armes qu'à embrasser les idées. Le système de M. Pi y Margall et la méthode de M. Ruiz Zorrilla avaient au moins cette qualité, qu'ils étaient plutôt espagnols ; le système et la méthode de M. Salmeron étaient moins espagnols qu'allemands. M. Pi y Margall et M. Ruiz Zorrilla s'abusèrent sur le moment, qu'ils choisirent mal ; l'Espagne, dégoûtée de l'anarchie, rejeta le fédéralisme et, fatiguée des révolutions, ne voulut pas faire une révolution de plus; elle recula de peur et d'horreur, ayant aperçu, derrière eux et sous le voile dont ils se couvraient, comme un spectre géant fait des ossements de tous les Espagnols tués dans les guerres civiles. En un autre moment, peut-être, elle ne se fût pas détournée si vite. Mais M. Salmeron s'abuse sur l'Espagne elle-même, sur l'Espagne de tous les moments. M. Ruiz Zorrilla, à la fin, s'était repenti de quelques-unes de ses erreurs, assez pour s'appliquer à ne plus froisser les sentiments religieux de ses concitoyens : c'était prouver qu'il connaissait l'Espagne. M. Salmeron fait presque profession publique d'athéisme : c'est s'égarer de plus en plus dans l'abstraction et mal connaître son pays. Les républicains se proscrivent eux-mêmes en se disant athées: l'Espagne est encore très loin d'eux, plus loin peut-être que de saint Ignace ou de saint Dominique.

Elle eût été moins loin de don Emilio Castelar, en qui elle s'admirait et elle se complaisait. La personnalité de M. Castelar tranchait étrangement sur celle de ses trois coreligionnaires en république, qui, pour lui, n'étaient déjà plus que d'anciens coreligionnaires, tant les séparaient de nombreuses et sérieuses divergences. M. Castelar ne voulait pas, et tout, en lui, lui défendait de vouloir être fédéraliste comme M. Pi y Margall, ou révolutionnaire comme M. Ruiz Zorrilla, ou doctrinaire quand même et théoricien comme M. Salmeron.

Son vaste savoir, sa profonde culture, une longue familiarité avec la vie de tous les peuples dans tous les temps, la connaissance de l'Europe et de tous les hommes qui marquent en Europe, son patriotisme idolâtre, un grand sens artistique et comme un don poétique de divination l'avertissaient et le relevaient. Ainsi que les trois autres, en ses heures de jeunesse, il avait pu caresser l'utopie ; il ne l'avait pas épousée. Il avait reçu le pouvoir de M. Salmeron et, quoi qu'il en eût pu penser jadis, il s'en était servi en chef d'État pour appliquer toute la loi, que M. Salmeron, avec une obstination douce, voulait n'appliquer qu'en partie, et pour écraser le cantonalisme, issu des prédications de M. Pi y Margall. De l'écrivain et de l'orateur, du tribun et du philosophe, de ce pêcheur d'âmes et de ce conducteur de foules, de cet assembleur d'étoiles et d'éclairs, un homme de gouvernement se dégageait. Il a dépouillé une à une ses illusions, comme un vêtement usé, et poursuivi sans cesse un lent travail de correction sur lui-même. Mais la calomnie a beau faire : abandonner ses illusions, ce n'est pas mentir à ses principes, et reprendre, au besoin, ses amis, ce n'est pas les trahir.

Il est vrai que, depuis vingt ans, l'histoire de la Restauration et l'histoire de M. Castelar se rencontrent, se rejoignent en leurs dates mémorables ; les transformations de la monarchie et ce qu'on nomme les transformations de M. Castelar coïncident et se correspondent. Mais on n'a pas tout dit quand on l'a constaté, et il vaut la peine, avant de fulminer l'excommunication, d'examiner si c'est M. Castelar qui a évolué vers la monarchie, ou bien la monarchie qui a évolué vers M. Castelar ; si c'est lui qui, enfin, se serait fait monarchiste, ou bien elle qui s'est faite un peu républicaine.

Personne, plus énergiquement que D. Emilio Castelar, n'a combattu la Restauration, telle qu'elle se présenta à l'origine, sous les espèces d'une monarchie qui semblait avoir appris moins encore qu'elle n'avait oublié, et sous les auspices de ce ministère-régence qu'il qualifiait de dictature et, par opposition à la sienne, de dictature injustifiable. Personne, plus dignement, plus noblement que lui, n'a parlé de la République, morte par la faute des républicains, n'a soutenu qu'elle avait ses fondements dans le droit autant que n'importe quelle monarchie, et n'a revendiqué la responsabilité de ses actes. Personne, plus sévèrement que lui, n'a flétri la manie sacrilège des *pronunciamientos*, et cette espèce de défaillance chronique, qui livrait l'Espagne au caprice du premier général qui osait, tantôt à une copie de Monk et tantôt à une contrefaçon de Bonaparte. Personne, plus nettement et plus résolument, n'a répudié et les coups de force de la rue et les coups de force de la caserne. Personne, plus hautement et plus patiemment, n'a interrogé la Restauration, ne lui a dit : « Qui êtes-vous ? » et après : « Que serez-vous ? » Personne, plus impérieusement, ne l'a rappelée aux questions à résoudre et, de même que, sous la république, il était allé criant : « L'ordre ! l'ordre ! l'ordre ! » sous la Restauration, il est allé criant : « La liberté ! la liberté ! »

De 1874 à 1876, tant qu'on était en face du carlisme, M. Castelar interpellait la monarchie : « Assurez-nous l'ordre, afin que l'Espagne ne soit pas une Pologne méridionale ou la Turquie de l'Occident[1] ! » Tant que l'armée ne fut pas refaite : « Rétablissez la discipline dans les troupes, afin de nous sauver du *messianisme armé!* » Tant que la loi ne fut pas la souveraine, l'exclusive maîtresse : « Donnez-nous ou redonnez-nous l'esprit de légalité, afin que nous ne périssions pas ! » Mais ce n'est pas assez de l'ordre : par lui-même, à lui seul, l'ordre ne suffit pas aux nations modernes : les glaces de la Sibérie, ses solitudes épouvantées, c'est l'ordre, mais rien n'y pousse, et l'ordre ne fructifie que par la liberté. Maintenant qu'il n'y a plus à craindre un écartèlement de la patrie entre les dynasties rivales, ni l'émiettement de l'Espagne en mille petits cantons, que l'on songe à la liberté !

« Tout est en paix. Les démagogues, qui troublèrent tant les périodes de la Révolution et qui firent tant de mal aux gouvernements de la République, paraissent avoir disparu dans le froid de cette réaction, à la manière dont certains animaux disparaissent dans le froid de l'hiver. La guerre

[1] *Discursos parlamentarios y politicos de* Emilio Castelar *en la Restauracion*, II, 56.

civile a cessé. Les provinces du Midi expient les folies d'hier dans le silence et la pénitence d'aujourd'hui. Les provinces du nord paraissent résignées à perdre les privilèges sans lesquels elles concevaient à peine leur existence. Ici, nous assistons aux funérailles de la liberté d'une race, avec le recueillement et la douleur qui accompagnent toujours les sublimes tristesses de la mort. Et là, les feuilles de l'arbre de Guernica tombent séchées, sans produire, sur ce pavé, même le bruit qu'elles produisent sur la terre mouillée par les pluies d'automne [1]. »

Qu'on l'émonde donc de son gui et de son lierre parasites, l'arbre symbolique de Guernica! qu'on l'émonde du fédéralisme et du régionalisme qui étoufferaient l'Espagne, l'arbre planté par les lointains ancêtres, qui porte et qui protège les premières libertés humaines, les libertés de village! Mais qu'on ne fasse point un fagot de ses rameaux et que la cognée n'en attaque pas le pied. Et puis, que l'on songe aux libertés nationales après les libertés locales, et que les libertés nouvelles consolent des libertés primitives perdues. Donnez à l'Espagne, donnez-lui la liberté de la

____

1 *Discursos de* Emilio Castelar, 15 Juillet 1870, *sur la Dictature*, II, 44.

parole et de la presse ; rouvrez les chaires des universités aux maîtres illustres qui en étaient chassés ; rendez-leur, à ces maîtres, la liberté de la parole ; laissez-les, dans leur enseignement, ne servir que la science et ne s'inspirer que de la conscience ; entreprenez l'éducation de l'Espagne ; réintroduisez-la dans le monde et introduisez-la dans le siècle ; confiez-la aux meilleures gardiennes, aux Libertés, filles de la Loi.

Ne vous épuisez pas à lever les quartiers de roc qui ferment les tombes historiques. Un jour de Pâques, M. Castelar est entré dans une église d'Andalousie. Le prêtre était à l'autel et lisait l'Évangile : « Le livre sacré racontait que, Jésus étant enterré depuis trois jours, Marie-Magdeleine et d'autres femmes étaient allées au sépulcre du Christ et l'avaient trouvé vide. Elles s'affligeaient grandement, pensant que l'on avait volé les restes du Sauveur, lorsqu'un très beau jeune homme, un ange, leur annonça que le Christ n'y était pas, que le Christ était ressuscité, miracle auquel elles ne pouvaient croire. — Les femmes aveugles de l'Évangile, cherchant le Christ dans le sépulcre de pierre, m'ont rappelé les écoles réactionnaires. Oui, celles-ci cherchent le Christ où il n'est pas, dans le sépulcre du moyen âge, dans les murailles des castels féodaux, dans les chevalets de la torture, dans les fers des esclaves, dans le feu des bûchers, quand le Christ est ressuscité dans l'égalité, quand le Christ est partout où se brise la chaîne d'un opprimé et s'accomplissent la vérité et la justice[1] ! »

Mais un matin aussi, non pas trois jours, deux ou trois ans après qu'il eut été mis au tombeau, en Espagne même, le Christ ressuscita dans la liberté, et ce furent alors les écoles républicaines qui ressemblèrent aux femmes aveugles de l'Évangile et ne voulurent pas croire au miracle. Seul, M. Castelar ne détourna pas la tête, pour pleurer et ne pas voir. Ce ne fut pas pour lui une illumination soudaine, comme si l'Espagne, ce grand sépulcre, s'était subitement emplie d'une lueur éclatante, et il ne resta point, devant le surnaturel qui passait, muet de stupéfaction et de reconnaissance. Il l'arrêta plutôt et il l'interrogea : ce miracle, jusqu'où irait-il ? Car il n'était, du premier coup, ni convaincu ni converti. La monarchie accorderait-elle ou accepterait-elle toutes ces libertés, tous ces droits nécessaires et, pour lui, Castelar, presque consubstantiels à l'homme ? Et l'un

[1] *Discursos de* Emilio Castelar, 9 mai 1876, sur la *Liberté religieuse*, I, 303.

après l'autre, tous ces droits, une à une, toutes ces libertés, la Restauration les accordait.

La monarchie du ministère-régence se transformait peu à peu en monarchie vraiment parlementaire, avec deux grands partis qui se succédaient et se faisaient équilibre, la couronne étant neutre et comme sans poids entre les deux. M. Castelar avait déploré et blâmé la rapide accession au régime monarchique de M. Sagasta, qui, pour ne pas remonter plus loin, avait été, aux côtés de Serrano, le président du dernier ministère républicain ; apostrophant vivement ces ralliés, il les replongeait dans un passé gênant et plein de solidarités communes :

« Si grand que soit, s'écriait-il, notre désir de trouver des différences entre nous, nous avons au fond une même histoire, puisque, contre le trône de Doña Isabelle II, nous avons été conspirateurs, vous, et conspirateurs, nous ; révolutionnaires du 22 juin, vous, et révolutionnaires du 22 juin, nous ; condamnés, vous, en la personne de vos chefs, à la mort dans le garrot vil, et condamnés, nous, en notre propre personne ; vainqueurs d'Alcolea, vous, et vainqueurs, nous ; auteurs, vous, des trois *Jamais!* qui proscrivaient la Maison de Bourbon, et auteurs, nous ; ministres et présidents de la République, vous, et ministres et présidents de la République, nous ; tous, à la fin et au fond, les mêmes, parce que tous nous portons plus ou moins les mêmes armes sur notre écu et les mêmes souvenirs autour de nos noms honorés ; différents seulement par une faculté, par la mémoire, en nous brillante, en vous effacée et éteinte [1]. »

Tout ce que, pour leur part, M. Castelar et ses amis pouvaient alors promettre au gouvernement restauré, c'était leur bienveillance, *benevolencia*, mais une bienveillance passive et qu'ils définissaient ainsi : « Cela ne signifie pas tant une bonne volonté, un continuel concours, que la réprobation et l'éloignement des moyens révolutionnaires. Le mot *bienveillance*, en son acception politique, est le contraire du mot *violence* [2].

Mais, dès cet instant même, ils avaient commencé à voir que la monarchie n'était pas intraitable et que peut-être, à la longue, on pourrait faire par elle ce qu'on aurait dû, ce qu'on aurait pu, ce qu'on n'avait pas su faire par la république. Et les années se succédaient, et les libertés se

[1] *Discursos de* Emilio Castelar, 22 décembre 1882, sur la *Formation de la gauche démocratique*, IV, 192, 193.
[2] *Ibid.*, p. 205.

succédaient, et à chaque liberté qui s'ajoutait aux autres, M. Castelar et la monarchie se rapprochaient l'un de l'autre ; on ne dit pas qu'il se rapprochait d'elle : c'était elle qui se rapprochait de lui. Elle se transformant, il se transformait ; et avec lui, et avec elle, le parti républicain se transformait ; il devenait un parti sans programme, puisque la monarchie le lui enlevait pièce par pièce, qui ne luttait que pour une forme et contre une forme de gouvernement : pour une forme qui n'était pas contre une forme qui était, pour une forme qui avait avorté contre une forme qui se développait et durait.

M. Castelar sentait bien le mouvement, l'évolution qui les emportait, la Restauration et lui, vers le point où ils se toucheraient et se confondraient presque, et, dans le besoin qu'il a d'expliquer toute chose et de la rattacher aux causes générales, il se disait et il disait que, la Restauration et lui, ils subissaient une loi à laquelle obéissent toutes les formes de la nature et de l'esprit, sur cette étroite terre, « grain de sable noyé dans une larme », qui est trop petite pour que les hommes, et les États, et les nations ne fassent pas avec elle, par rapport aux lois de l'univers, une seule matière et une seule poussière. Le mouvement l'emportait, la loi s'exécutait, il ne résistait pas. Tout au plus, en son cœur, conservait-il le vague espoir, lorsque la monarchie cédait une des libertés réclamées, qu'elle n'irait pas jusqu'à la liberté suivante, et, pour la surprendre en défaut, en arrêt ou en recul dans sa transformation, il réclamait toujours la liberté suivante. Après la liberté de l'enseignement, la liberté de la presse ; après la liberté de la presse, la liberté électorale ; après la liberté électorale, c'est-à-dire plus d'honnêteté dans les élections, le suffrage universel, et il comptait sans doute que la Restauration ne franchirait pas cet obstacle. Pendant quelques années encore il se réserva ou se recueillit. Enfin, le 7 février 1888, il prononça devant le Congrès un discours d'une beauté digne des plus beaux modèles pour l'éloquence et le calme courage :

« Je viens dire, le front bien haut, la voix bien claire et dans une phrase bien simple, que j'appuie ce gouvernement, parce que ce gouvernement donne la liberté religieuse, la liberté scientifique, la liberté de la presse, la liberté de réunion, la liberté d'association, le jury, le suffrage universel. Et je n'ai aucun intérêt à le faire. Je ne puis rien être dans la monarchie, je ne veux rien être dans la monarchie, je ne dois rien être dans la monarchic. Je suis un républicain historique, républicain intransigeant, républicain de toute la vie, républicain par conviction et par conscience. Qui doute de mon républicanisme m'offense et me calomnie : par conséquent, je ne veux rien être dans aucune monarchie. Eh bien! je viens vous dire : Votre monarchie, avec les libertés qu'elle comporte aujourd'hui, votre monarchie est une monarchie libérale. Sera-t-elle une monarchie démocratique? Ah! Messieurs, voilà la question. Mais, si votre monarchie est aujourd'hui une monarchie libérale, votre monarchie sera demain une monarchie démocratique, en tant qu'elle aura établi le jury populaire et le suffrage universel. Et, comme je l'ai dit aux miens, et ils ne m'ont pas écouté, en certaine nuit célèbre : « Notre République sera la formule de cette génération, si vous réussissez à la faire conservatrice; » je vous dis maintenant à vous autres : « Votre monarchie sera la formule de cette génération, si vous réussissez à la faire démocratique[1]. »

La monarchie ne s'est point rejetée en arrière ; elle a établi le jury et le suffrage universel, et, par ces deux réformes, elle s'est faite démocratique,

---

[1] *Discurso que* D. Emilio Castelar *dijo en el Congreso de los diputados* (7 de Febrero de 1888), p. 57.

et, par ces deux réformes, elle est devenue la formule de cette génération, et, par ces deux réformes, s'est achevée la transformation de la monarchie, transformant logiquement le républicanisme de M. Castelar, ne le détruisant pas, l'obligeant à la retraite et au silence. Ceux qui, même à présent, « doutent de ce républicanisme, l'injurient et le calomnient » ; ceux qui, dans le camp conservateur, méconnaissent le réel service que sa loyauté a rendu à la monarchie, ferment volontairement les yeux à l'évidence.

C'est peut-être M. Castelar qui, après M. Cánovas del Castillo, a le plus fait pour la monarchie restaurée, non pas en lui décernant à la fin un certificat de libéralisme et de démocratie, mais en la forçant à le gagner, en la poussant, en la tenant en haleine, en lui plaçant, sans déguisement, sous les yeux, son image à elle et l'image du monde moderne. D'avoir ainsi servi la monarchie, c'est à la fois ce que ne lui pardonnent pas les républicains et ce dont les conservateurs ne lui savent nul gré, si tant est qu'ils ne lui en veuillent. Mais la colère des républicains se conçoit mieux que le dédain des conservateurs, car c'est toujours un grand tort que d'avoir raison contre ses amis, pour ses adversaires.

La faute n'en est pas cependant à M. Castelar :

il avait prévenu les uns et les autres. La monarchie, somme toute, pour « être la formule de cette génération » en Espagne, n'a eu sur la république qu'une seule supériorité : elle a su se faire, alors que la république ne le savait pas, opportuniste dans le bon sens du mot.

IV

Elle a su se faire opportuniste, et c'est, en même temps que sa supériorité sur la république manquée de 1873 et 1874, une des raisons de son succès. L'opportunisme, pour la monarchie restaurée, consistait à se faire libérale et même un peu démocratique, ainsi qu'il eût, en 1873 et 1874, consisté pour la République à se faire conservatrice. Le succès de la Restauration peut avoir d'autres causes, mais celle-là est de beaucoup la principale. La Restauration a réussi, en premier lieu, parce qu'elle rendait à l'Espagne la *monarchie*; ensuite, parce que la monarchie qu'elle ramenait était une monarchie *nationale*; troisièmement, et surtout, parce que cette monarchie a su être *moderne*.

L'Espagne est, en effet, demeurée monarchiste, dans ses masses profondes; elle l'était plus que jamais en 1874, au sortir de tant de misères et de tant d'insanités, et lorsque ce sentiment unique, dans l'abolition de tous les autres, perçait et se faisait jour, avec une monotonie poignante : *Eso se va !* Cela s'en va ! Tout s'en va, même l'Espagne ! On ne sait quelle voix intérieure, montant des abîmes de l'histoire, disait au peuple : « Il n'y a qu'une puissance au monde qui puisse empêcher tout de s'en aller, et c'est celle qui, de dix royaumes musulmans et de cinq ou six royaumes chrétiens, a fait une seule Espagne : c'est la monarchie ! »

Cette monarchie a réussi parce qu'elle est nationale. Les républicains ont beau rappeler que ce ne sont pas les Bourbons qui ont gagné sur les Almohades la bataille de la délivrance, à las Navas de Tolosa, au XIII° siècle, ni repris Grenade aux rois maures ou réuni l'Aragon à la Castille, au XV° siècle, ni créé et soutenu l'immense empire espagnol, dans les deux hémisphères, sur tous les continents et tous les océans, au XVI° siècle ; ils ont beau dire même qu'avec l'avènement des Bourbons s'accentue et se précipite la décadence de l'Espagne ; les autres, les carlistes, ont beau jurer que ce Bourbon n'est pas le Bourbon légitime et que ce roi d'Espagne n'est pas le vrai roi ; il n'en est pas moins sûr que, mêlée depuis deux siècles aux malheurs et, si elle en a eu encore, aux grandeurs de l'Espagne, la maison de Bourbon ne saurait être étrangère en Espagne et, d'autre part, que, pour en être la ligne féminine, la dynastie actuellement régnante est tout de même celle des Bourbons. Nationale depuis Philippe V, la monarchie restaurée a réussi là où venait d'échouer la monarchie étrangère d'Amédée de Savoie, où eût échoué certainement, si elle n'avait renoncé à tenter l'aventure, la monarchie étrangère d'un Hohenzollern.

Mais il faut encore y revenir : la Restauration a réussi parce qu'elle a su et osé donner à l'Espagne non pas seulement la monarchie, qui est comme sa constitution naturelle et congénitale, non pas seulement une monarchie nationale — elle n'en supporterait pas d'autre — mais aussi, mais surtout une monarchie moderne, souple, flexible, dont le cadre pouvait s'élargir et qui s'accommodait aux temps. Non seulement cette monarchie nationale a garanti le maintien de l'unité nationale contre le carlisme et le régionalisme, toujours dangereux dans un pays de formation aussi hétérogène que l'Espagne, et, avec le maintien de l'unité, la paix civile et la stabilité de l'ordre social ; non seulement ces rois catholiques ont garanti suffisamment de catholicisme, dans un pays

qui ne peut se passer du catholicisme, même extérieur[1] ; mais aussi, mais surtout, cette monarchie
moderne a garanti suffisamment de liberté religieuse dans un pays qui n'en tolérerait pas beaucoup ; assez de libertés locales dans un pays qui,
s'il en avait trop, en abuserait aisément; toutes les
libertés civiles compatibles avec l'ordre et avec la
paix. Énumérons-les une fois de plus : la liberté de
la presse, la liberté d'enseignement, la liberté de
réunion, la liberté d'association, le jugement
public, le jury en matière criminelle ; enfin, allant
plus loin que ces libertés mêmes, et, de libérale se
faisant démocratique, se faisant tout à fait moderne,
contemporaine de ce qu'il y a de plus récent, de
plus hardi, de plus avancé dans son temps, le
suffrage universel, qui est comme la synthèse du
droit nouveau.

Elle ressemblait un peu, cette monarchie à la
fois historique, nationale et moderne, au maître
artisan de la Restauration, à M. Cánovas del Castillo. Elle portait sa marque, et l'on eût pu deviner
sa main à bien des traits. Plus que tout autre, il
l'avait préparée, amenée, établie. Il l'avait conçue,
et il l'avait voulue comme un tout, dont on repren-

---

[1] Voy. Francesco Guicciardini, *Relazione di Spagna*, Opere
Inedite, VI, 277.

drait, on consoliderait, et l'on referait, au besoin, chaque partie. Il l'avait, en quelque sorte, pensée, pour la réaliser ensuite.

L'historien qui était en M. Cánovas avait révélé de longtemps à l'homme d'État qu'il était que la monarchie était la forme de gouvernement adéquate aux traditions et aux conditions, au passé et au génie de l'Espagne ; le philosophe avait appris à l'homme d'État que la monarchie qu'il fallait à l'Espagne était une monarchie nationale ; l'observateur attentif de tous les phénomènes politiques et sociaux avait de plus en plus persuadé l'homme d'État que cette monarchie restaurée serait moderne, libérale, démocratique même, ou qu'elle ne serait pas. Quelque conservateur qu'il fût, il n'avait pas cherché à éluder cette dernière obligation plus que les deux autres. Déjà le manifeste de Sandhurst laissait la porte ouverte à toutes les réformes et ne la fermait à aucune espérance. Mais M. Cánovas, avec cette netteté qui était comme le cachet de son esprit, distinguait entre elles et les échelonnait par séries : « La monarchie héréditaire et constitutionnelle, disait-il sous la signature de Don Alphonse XII, possède dans ses principes la souplesse nécessaire, et autant de jugement qu'il en faut, pour que tous les problèmes qu'entraîne son rétablissement soient résolus conformément aux vœux et aux convenances de la nation... Une fois l'heure arrivée, il sera facile pour un prince loyal et un peuple libre de s'entendre sur toutes les questions à résoudre. »

En attendant que l'heure fût arrivée, ce qu'il importait de rétablir afin que la restauration en coïncidât avec celle de la monarchie elle-même et que l'Espagne sût bien à qui elle était redevable du bienfait, c'était, comme on l'a déjà dit, la paix civile, l'ordre public et, pour que la paix civile durât, pour que l'ordre public ne fût plus troublé, il importait d'infuser à l'Espagne ce sang nourricier des nations libres, l'obéissance continuelle et comme naturelle à la loi. Et justement, l'heure serait arrivée, quand toute l'Espagne, toutes les provinces et tous les partis en Espagne reconnaîtraient et respecteraient toute la loi.

Il eût été trop tôt de parler des libertés nouvelles, en 1874, alors que le pays entier et chaque fraction du pays avaient été comme projetés hors de l'ordre légal. La république avait à ce point dégoûté l'Espagne de n'être point gouvernée, que le meilleur moyen de se bien faire accueillir d'elle était de lui faire sentir un gouvernement. M. Cánovas del Castillo était tout désigné pour cette première partie de la tâche qu'avait à accomplir la Restauration. C'était lui le vrai roi d'Espagne, et la monarchie allait sortir, tout armée, de son cerveau. Sur ce que devait être cette monarchie, l'historien et le philosophe avaient aussi renseigné l'homme d'État. Après s'être montrée ordonnée et légale, et dès que ce serait possible, elle devait se montrer libérale.

Libérale dans sa constitution et libérale par ses institutions. Elle devait être représentative, parce que, de l'être, c'était encore se rattacher à la tradition, être historique et nationale : « Les princes espagnols, là-bas, aux temps anciens de la monarchie, ne décidaient pas sans les Cortès les affaires difficiles [1]. » Mais, comme on n'était plus aux anciens temps et comme la monarchie, autant que nationale, devait être moderne, il ne s'agissait plus d'une représentation du pays par les Cortès anciennes : il fallait introduire et acclimater en Espagne le régime parlementaire moderne.

La plus indispensable des conditions de ce régime, c'est qu'il y existe des partis qui soient réellement des partis, non des sectes ou des factions, qui se tiennent dans la légalité et dans la constitution, dont aucun ne mette en cause la forme

____
[1] Manifeste de Sandhurst.

même du gouvernement, dont aucun, en tout cas, ne cherche jamais à la renverser et à la remplacer par violence. Des partis légaux ou légalitaires et, s'il est possible, des partis constitutionnels, chaque parti le plus nombreux possible et le moins possible de partis : l'idéal serait deux grands partis organisés, disciplinés et manœuvrant sous la main de leurs chefs : les whigs et les torys du Parlement anglais [1].

La modération en doit être la vertu cardinale, non seulement dans le langage, mais dans la conduite. L'existence de deux partis également constitutionnels, avec des programmes différents, implique que ces deux partis pourront se succéder au pouvoir ; leur succession régulière, l'alternative exige que chaque parti laisse patiemment le parti contraire introduire dans les lois, lorsque son tour arrive, des dispositions différentes de celles qu'il considère, lui, comme justes ou opportunes, et ne s'empresse pas de défaire ce que l'autre aura fait [2].

---

[1] A. Cánovas del Castillo, *Obras. Problemas contemporaneos*, III. — *Discurso del Ateneo*, 6 novembre 1889, p. 66.

[2] *Id., ibid.* — *El Juicio por jurados*, p. 169-170. Sur le régime parlementaire, voy. aussi le livre de D. Gumersindo de Azcárate, *El Regimen parlamentario en la practica*. M. G. de Azcárate, professeur de droit public à l'Université de Madrid, était, dans le Congrès, l'ami fidèle et comme l'*alter ego* de M. Salmeron.

Voilà le secret de la politique de M. Cánovas et, du même coup, voilà le secret du succès de la Restauration, dont la fortune était liée à la sienne.

Sous ce rapport, l'événement le plus considérable peut-être de ces vingt-trois années a été la formation d'une gauche dynastique, d'un parti libéral, capable de faire pendant et opposition à la droite conservatrice, agissant sur elle, tantôt comme stimulant et tantôt comme frein. Par lui, la monarchie restaurée a acquis son organe de progrès, après son organe de conservation, un organe de liberté, après un organe d'ordre. La monarchie moderne a véritablement été fondée, du jour où M. Sagasta s'est dressé en face de M. Cánovas, sur le champ de bataille parlementaire, clos de toutes parts et circonscrit par la constitution [1].

Le parti libéral, venant, lui aussi, à son heure, a rempli son rôle, qui était de moderniser la monarchie et presque de la démocratiser, à cause

---

[1] Nous simplifions à dessein la nomenclature assez compliquée des partis espagnols, et nous avons d'autant moins de scrupules à le faire que ce sont moins, en réalité, des partis que des groupes, séparés seulement par des divergences de détail ou des ambitions personnelles. Au fond, il n'y a, dans le Parlement espagnol que quatre partis : deux partis constitutionnels, les libéraux et les conservateurs, et deux partis extra-constitutionnels, les républicains et les carlistes.

des origines de la plupart de ses membres, des origines de M. Sagasta, parti des confins de la république et autrefois « conspirateur contre le trône d'Isabelle II », ainsi qu'on ne lui permettait pas de l'oublier. Et de la sorte, harcelé par ses anciens amis ou ses anciens alliés, qui reprenaient article par article son programme et le sommaient de faire, comme ministre, ce qu'il avait demandé ou promis comme député, M. Sagasta modernisait et démocratisait la monarchie, et faisait courir une sève jeune et fraîche dans les vieilles racines que M. Cánovas avait renouées.

Ses adversaires intransigeants se voyaient peu à peu désarmés et réduits par leurs victoires mêmes : chaque fois que le gouvernement cédait sur telle ou telle de leurs revendications, il leur enlevait une raison d'être. A mesure que la monarchie changeait ses institutions de jadis, — ses « institutions pharaoniques », comme les appelait M. Castelar, — contre d'autres institutions, vraiment libérales et modernes, c'était, comme le disait encore M. Castelar, la révolution qui devenait « archéologique », qui se voyait reléguer dans le passé, avec ses procédés connus et le plus usité de tous : l'abstention érigée en système. La Restauration se développait et croissait tout ensemble, directement, par une poussée interne, d'une manière organique, pour ainsi dire, et indirectement, sous la pression extérieure des partis d'opposition. C'est en quoi il n'est pas trop paradoxal d'avancer que certains républicains, M. Castelar notamment, ont été, sans le vouloir, des auxiliaires utiles pour la monarchie restaurée.

Mais cette monarchie, modernisée et démocratisée, rien ne l'a servie, après l'initiative des libéraux, autant que la « modération » des conservateurs, la modération que M. Cánovas recommandait aux partis, comme une vertu cardinale de la politique. Ce n'est point que les conservateurs ni leur chef lui-même acceptassent de gaieté de cœur toutes les réformes, toutes les innovations proposées par les libéraux ; mais parmi elles, il en était quelques-unes dont ils n'avaient pu ni voulu se charger et que néanmoins ils n'étaient pas, dans le fond, fâchés de voir faire par d'autres, ne les combattant que mollement.

Quant aux réformes, aux innovations plus radicales, auxquelles ils ne pouvaient, ni ne voulaient consentir à aucun titre, comme le jury populaire, le suffrage universel, il les ont combattues jusqu'au bout, âprement, de tous leurs moyens, dans les Chambres et dans les journaux, par leurs discours et par leurs livres. Elles n'ont été faites que malgré eux, contre eux. Ils ont pu trouver à ce moment que la monarchie passait les bornes, se démocratisait à l'excès, ils ont pu le dire, et le dire sur le ton blessé de gens qui avaient tiré la monarchie de l'exil, sur le ton inquiet de gens qui ne savaient plus où la monarchie s'arrêterait. Mais, revenus aux affaires, ils n'en déferaient rien, car, M. Cánovas le leur a enseigné, c'est une des conditions du régime parlementaire qu'un parti ne défasse pas ce que l'autre a fait et, quelque peine qu'on en ait, il faut s'accommoder de ce régime, avec ses défauts, tel qu'il est, ou courir le risque d'un pire.

On a pu voir, d'ailleurs, que si le champ de bataille des partis en Espagne était circonscrit par la constitution, il n'était pas tellement resserré que libéraux et conservateurs n'y pussent déployer leurs troupes et s'y livrer des engagements sérieux et, à l'occasion, furieux.

Justement parce que M. Sagasta est le contraire absolu, la vivante antithèse de ce qu'était M. Cánovas, quand le régime parlementaire eut pu s'acclimater définitivement en Espagne, dans ses règles et dans ses mœurs, avec la légalité et la modération mutuelle des partis, à eux deux ils eurent assuré le succès de la Restauration par leur opposition et leur contradiction même, l'un ayant fait la monarchie traditionnelle, l'autre ayant fait la monarchie moderne, et nul des deux ne défaisant, quant au fond des choses, ce que son rival avait fait.

A côté de cette cause générale du succès de la Restauration, l'aptitude de la monarchie alphonsiste à se transformer, à se moderniser, servie comme à souhait par la formation de deux grands partis constitutionnels, — au-dessous de cette cause générale, — on pourrait indiquer d'autres causes secondaires.

L'une est tout simplement que l'Espagne, pour son bonheur, et bien que certains de ses hommes d'État aient essayé de l'y mêler, est, dans ces vingt dernières années, demeurée presque toujours à part de la politique européenne. En l'espèce, du moins, l'isolement, le *retraimiento* a eu du bon. Il a permis au pays de panser ses plaies de 1874, et à la monarchie de poursuivre, en même temps que sa propre transformation, son œuvre de relèvement et de salut.

Une autre cause, plus délicate à indiquer, mais non moins efficace peut-être, c'est la mort du roi Don Alphonse XII (la sagesse chrétienne dirait que la Providence a ses voies mystérieuses). Mort prématurée et si triste, qui mettait de nouveau l'Espagne face à face avec une énigme, mais dont le résultat fut, en somme, de porter au pouvoir les libéraux, de consolider la monarchie par leur appui et de la rajeunir par leur alliance, tandis qu'elle substituait à un prince, bien intentionné sans doute, mais qui pouvait ne pas être à l'abri de toutes les séductions de la gloire militaire ou de l'omnipotence monarchique, le règne, nécessairement pacifique et nécessairement tempéré, d'un enfant sous la tutelle d'une femme.

Une troisième cause encore et qui se relie à celle-là, c'est que cette femme se trouve être une princesse d'un tact supérieur, d'une noblesse d'âme, d'une pureté qui forcent à la vénération : dévouée, jusqu'au sacrifice, aux plus grands et aux plus petits soins ; laborieuse comme un vieil homme d'État et désireuse de savoir, ouverte à tout conseil et douce à toute misère, remplissant de fierté et d'amour le cœur espagnol : reine admirable en ses fonctions de reine, mère admirable en sa mission de mère ; si maternellement reine et si royalement mère que les hommages de tous les partis tombent, respectueux, à ses pieds. Elle a fait beaucoup, elle aussi, et peut-être plus que qui que ce soit pour la Restauration, sans rien faire, en étant ce qu'elle est. La fortune des dynasties ne dépend pas moins des reines que des rois, surtout quand la régence fait d'elles en même temps des reines et des rois. Les peuples ont leur chevalerie, et ils ne touchent point aux reines, si la calomnie ni la médisance même ne parviennent pas à y toucher.

Seulement, M. Cánovas n'est plus là. — Que Dieu garde l'Espagne et la monarchie !

FIN

TABLE DES MATIÈRES

TOURS

IMPRIMERIE DESLIS FRÈRES

6, RUE GAMBETTA 6

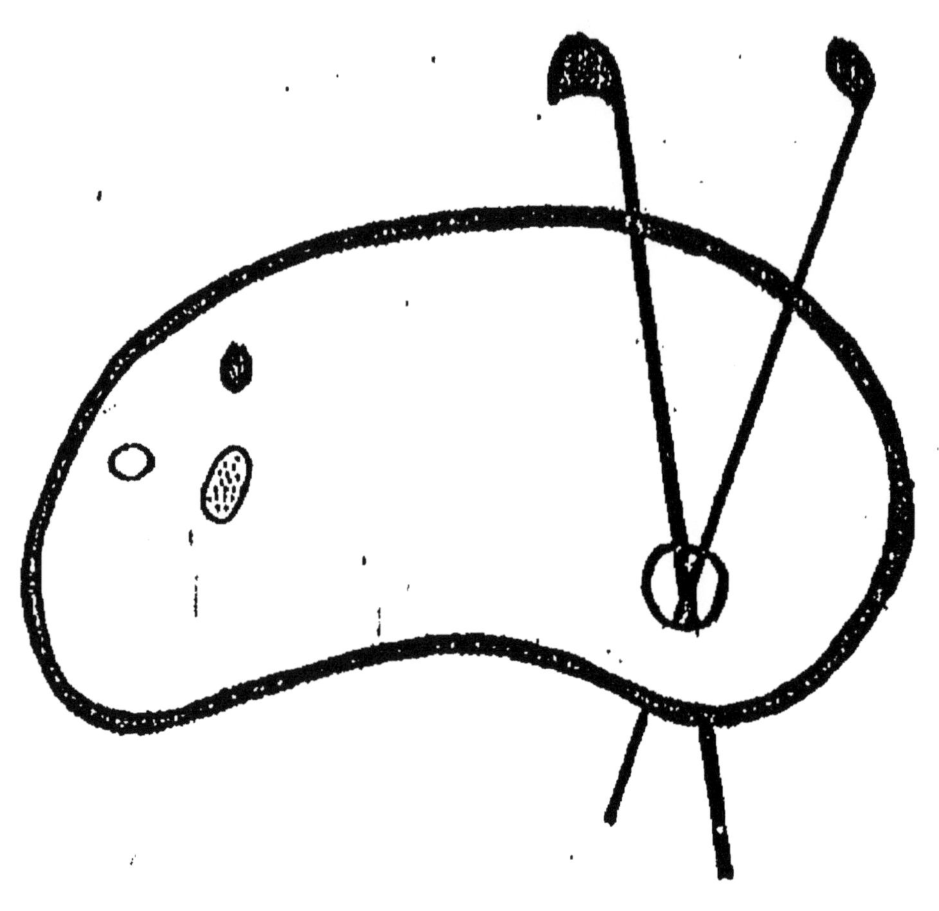

ORIGINAL EN COULEUR

NP Z 43-120-8

9 782016 149584